괜찮아,
그러면서 크는 거야

류명숙의 '열세 살' 이야기

교육공동체 벗

괜찮아, 그러면서 크는 거야
류명숙의 '열세 살' 이야기

ⓒ 류명숙, 2011
2011년 11월 30일 처음 펴냄

글 쓴 이   류명숙
기 획 편 집   최은정, 최승훈, 이진주, 설원민, 김기언
출판 자문위원   이혁규, 이상대, 박진환
디 자 인   the DNC
출   력   CMYK
종   이   화인페이퍼
인   쇄   OK P&C
제   본   백마문화사
제 작 · 진 행   이노비즈

펴 낸 이   박복선
펴 낸 곳   교육공동체 벗
출 판 등 록   제313-2011-22(2011년 1월 14일)
주   소   서울시 마포구 성산동 254-10 2층
전   화   02-332-0712, 070-4084-0712
전   송   0505-115-0712
카   페   cafe.daum.net/communebut

ISBN 978-89-966034-3-6 03370

이 도서의 국립중앙도서관 출판시도서목록(CIP)은
e-CIP 홈페이지(www.nl.go.kr/ecip)와
국가자료공동목록 시스템(www.nl.go.kr/kolisnet)에서
이용하실 수 있습니다. (CIP제어번호 : CIP2011005124)

괜찮아,
그러면서 크는 거야

류명숙의 '열세 살' 이야기

차 례

* 이 책에 등장하는 학생들의 이름은 가명입니다.

책을 펴내며

'아이들은 왜 어른들 말을 잘 들어야 할까?'
20년 넘게 아이들과 함께하면서 늘 가졌던 물음입니다. 아이를 낳고 키우면서 더 많이 던졌던 질문이기도 합니다. 아이들이 어른들 말을 잘 듣는다는 것은 어른들 눈치를 본다는 것이고 실수를 덜 한다는 뜻입니다. 그러면 아이들은 언제 용서를 배우게 될까요?

똑똑하지 않아서(못해서?) 어른들 눈치를 잘 살피지 못했던 저는 늘 한심하고 부족한 아이였습니다. 선생님들과 주변 어른들에게 혼나고 집에 온 저에게 아버지께서 "우리 명숙이 오늘은 무엇 때문에 화가 났을까?"라고 말해 주시면 그 한마디로 노여움이 싹 사라지는 경험을 했습니다. 어떤 잘못을 해도 "괜찮다"고 위로받는 일은 나 자신이 참 괜찮은 사람이라는 생각과 사랑받고 있음을 느끼게 해 줍니다. 그래서 저는 저에게 저항하는 아이가 좋습니다.

"다루기 힘든 아이는 불행하다. 그런 아이들은 자신과 싸우고 있을 뿐만 아니라 세상과도 싸우고 있다." 《서머힐》에 나오는 한 구절입니다. 저는 아이들이 어른들 눈치 보지 않고 마음껏 행동하는 학교를 꿈꿉니다. 말대꾸하고 화내는 아이들을 보면 제가 얼마나 괜찮은 어른인지 보여 줄 아주 좋은 기회라고 생각합니다. 그리고 아이는 용서

받았을 때 느낄 수 있는 편안함을 간직하게 될 것입니다.

글을 처음부터 다시 읽어 보니 제가 어른이란 이름으로 아이를 억압하고 때렸던 순간이 나옵니다. 아주 많이 부끄러웠습니다. 내일은 덜 부끄러운 교사로 서기 위해 마음 닦기를 꾸준히 하려고 합니다.

친구들에게 인기가 많았던 아이, 늘 내 옆에서 함께 했던 아이, 자신을 괴롭혀도 너그럽게 용서하던 아이, 복잡한 문제만 나오면 그것을 어쩌지 못해서 힘들어했던 아이, 자신이 참 괜찮은 아이라는 것을 알게 된 아이. 5학년 때 만났던 아이들을 6학년까지 데리고 올라가면서 욕심이 생겼습니다. '모두 내 팬으로 만들어야지.' 그러나 아이들은 저를 그렇게 좋아하지 않았습니다. 아이들과 생활하면서 제가 무엇을 잘못했는지 알게 되었습니다. 저를 되돌아보게 해 준 아이들에게 감사합니다.

대책 없이 '아이들을 기다려 주자'고 하는 제 말을 진심으로 들어 주고 같이해 준 학교에 계신 모든 분에게 감사드립니다. 다루기 힘든 아이들을 밀어내지 않고 마음으로 헤아려 주는 우리 학교 동료들이 자랑스럽습니다.

2011년 11월
류 명 숙

　　　　　　　　　　　　　　책을 펴내며

내가 싫다고?
정말 미안하다

"야! 우리 6학년 때 옥찬호 선생님이 오신다고 했어."

겨울방학 하기 2주 전, 맛있게 점심을 먹고 있는데 옆에 앉아 밥을 먹던 상태가 얼굴 가득 웃으며 이야기를 한다.

"옥찬호 선생님이 정말 그러셨어? 네가 옥찬호 선생님을 기다리고 있었구나."

"예, 우리랑 매일 축구도 같이 해 주시고 좋아요."

이거 큰일 났다. 가슴이 덜컹 내려앉는다. 우리 반 김상태. 늘 사건을 달고 다니는 아이. 상태 부모님은 동네 어른들이 아이가 누굴 닮아서 그러는지 모르겠다는 말을 너무 많이 해서 마음이 아프셨단다. 책가방도 아무 곳에나 놔두면 그 자리가 책가방이 있어야 할 자리고 옷도 학교 운동장 여기저기 벗어 놓으면 끝인 아이가, 우리 학교에 계시다가 군대 간 선생님을 기다리고 있는 것이다. 이건 정말 놀랄 일이다. 내년에도 나는 우리 반 아이들과 공부하고 싶었다. 내가 우리 반 아이들을 좋아하니까 우리 반 아이들도 나를 좋아하는 줄 알았다. 문득 아이들이 원하지 않는 일을 내가 벌이고 있는 것은 아닌지 두려워졌다. 그리고 그들에게 내가 담임이 되어도 좋은지 묻고 싶었다. 그날 5교시에 아이들에게 물었다.

"애들아, 너희는 6학년 때 어떤 선생님이 담임선생님이 되면 말도 잘 듣고 공부도 열심히 할래?"

"정말 말해도 돼요? 우리가 원하면 그분이 담임선생님이 될 수 있는 거예요?"

"내가 너희 마음을 교장 선생님께 잘 전해 볼게. 그러니까 이야기해 봐."

아이들 눈이 반짝인다.

"그럼 한 사람씩 말하기로 해요."

"누구부터 말할래? 우리 반 1번부터 말할까?"

"저는요, 옥……"

"야, 신용덕 선생님이 좋지? 나는 신용덕 선생님이 담임 선생님이었으면 좋겠어요."

상태가 말하려고 하는데 태현이가 끼어든다. 태현이가 더 절실했나 보다.

"김태현! 네 이야기는 네 차례가 되면 그때 말하면 되는데 왜 끼어들어. 김상태! 네 생각을 말해 봐."

"저는 나중에 말할게요."

"그래, 그러면 태현이부터 시작하는 걸로 하자."

상태는 마지막에 마음을 바꿔서 신용덕 선생님이 좋겠다고 한다. 이렇게 해서 신용덕 선생님이 다섯 명, 나는 두 명만이 좋단다. 정호가 특수반에 가서 공부하는 시간이 아니었다면 정호는 내 편이었을 것이다. 그리고 모르겠다고 말한 아이가 한 명이다. 이 일을 어떻게 해야 할지⋯⋯.

아이들은 거침이 없었다

작년 초, 한 학년에 한 학급씩 있고 한 반의 숫자가 열 명 남짓한 작은 학교에서 나는 5학년을 맡았다. 3학년 때까지 여자아이는 한 명뿐이었는데 중간에 전학을 갔다. 그 후에 연희가 전학을 왔지만 여전히 연희를 뺀 모두가 남자였다. 그래서 선생님들은 아이들을 엄하게 지도하셨다. 그래야 사고가 나지 않기 때문이다. 그런데 4학년 때는 마음이 너그러운 신용덕 선생님이 담임을 맡았다. 아이들은 자신들이 가지고 있는 본성을 다 발휘했다. 때리지 않는 선생님을 만난 아이들은 수업 시간에도 돌아다니고 떠들기만 했다. 학부모들에게 학교를 공개하는 날 수업을 보신 한 학부모의 말을 들어 보면 수업이 이루어질 수 없을 정도로 아이들은 자기들 마음대로 행동했다고 한다. 어떤 상황인지 이해가 간다. 나도 당했던 일이었다. 한번은 월간지 기자가 인터뷰도 하고 수업하는 모습을 보고 싶다고 왔다가 아이들이 장난만 쳐서 수업을 못 하고 가만히 앉아 있는 나만 보고 갔다. 여자아이 한 명이 더 전학을 오고 지적장애를 가진 정호가 전학을 오면서 아이들은 누군가를 왕따도 시키고 서로 싸우기도 했다. 하고 싶었지만 할 수 없었던 일을 4학년 때 다 한 것이다. 왕따 문제로 서로에게 상처를 주고받았던 아이들은 왕따 문제를 해결하려고 애썼던 선생님 말씀을 귀담아 듣지 않았다. 5학년 학기 초에 어머님들이 오셔서 아직도 우리 반에 왕따 문제가 있으니 어쩌면 좋으냐고 하셨다. 4학년 때 공부하기 싫어서 선생님을 속이려고 시계를 앞으로 돌려놓고 컴퓨터까지 껐단다. 신용덕 선생님은 자신이 아이들에게 속은 것을 알고 "아이고" 하고 웃으며 의자에 앉는 것으로 끝이었단다. 나라면 그냥 넘어가지 않았을 것이다. 왜 그랬는지 따지고 그런 일이 다시 생기면 앞으로 어떻게 할 것인지 조목조목 적게 했을 것이다. 나와 공부하면서 아이들은 늘 신용덕 선생님을 그리워했다.

작년 초, 처음 본 아이들 눈빛이 아주 거친 것이 나를 흥분시켰다. 재미있는 일이 많이 생길 것 같은 설렘이 온몸에 전해졌다. 3월 첫 체육 시간에 두 편으로 나눠서 경기한 후 진 편이 이긴 편을 업어 주라고 했다. 이전 학교에 있을 때는 아이들이 아주 재미있게 업어 주며 모두 즐거워해 아무 생각 없이 그러라고 했는데 아이들이 "업으라고요? 어떻게 업어요"라고 하더니 수업이 끝나지 않았는데 나만 운동장에 남겨 두고 다 들어가 버렸다. 눈빛이 거칠구나 했더니 그 값을 한다.

너희 마음을 마음껏 펼쳐 봐

"너희, 작년에 신용덕 선생님 말씀 잘 들었어?"

"아니요."

"그런데 신용덕 선생님이 왜 좋아?"

"우리 마음을 잘 알아주시고요, 우리가 하고 싶다는 일은 다 할 수 있게 해 주세요."

"그러면 우리 학교 최고 학년인 6학년이 4학년 때처럼 선생님 말씀 안 듣고 너희 마음대로 행동할 것이 뻔한데 교장 선생님이 허락하실까?"

이건 아닌 것 같다. 6학년 때는 더 잘할 수도 있는데 내가 아이들 마음을 있는 그대로 받아들이지 않고 있다는 생각에 말이 마구 꼬인다. 아이들의 실망하는 얼굴을 보는 순간 마음이 아파진다. 그때 진호가 "그러면 어렵다는 이야기이죠? 그러면 그다음에 표가 많은 사람이 누구예요? 선생님이네요. 그러면 선생님이 그냥 담임 하면 되겠네요. 선생님이 하세요"라고 마무리를 한다.

"그래, 고마워."

나는 풀이 확 죽었다.

겨울방학이 끝나고 아이들이 학교에 왔다. 특기적성 신청서를 받는데 우리 반 아이들이 참여를 안 한다.

"너희 특기적성 안 하고 운동장에서 동생들 울리고 괴롭히면 그 시간만큼 나하고 다른 공부해야 하니까 알아서 해."

"뭐예요. 선생님이 6학년 때 우리 반 담임할 거예요?"

내 말에 대뜸 진호가 이렇게 대꾸한다.

"겨울방학 하기 전에 내가 하기로 얘기 끝났잖아. 생각 안 나?"

"예. 그런 기억 없는데요. 그리고 옥찬호 선생님이 정말 오실지 몰랐는데 오셨으니까 다시 해요."

방학 전에 있었던 이야기를 한 후 기억이 나느냐고 했더니 기억은 나는데 내가 담임하기로 한 것은 기억이 안 난단다.

"진호야! '그럼 선생님이 해요'라고 했잖아." 멍하게 있던 진호는 "네. 기억이 나요. 그런데 지금은 마음이 바뀌었는데 다시 하면 안 돼요?" 한다.

그래서 아이들에게 물어보니까 옥찬호 선생님 세 명, 나 세 명, 신용덕 선생님 세 명이다.

"좋아, 나는 너희가 좋아서 또 담임을 하려고 했는데 너희가 원하지 않으면 너희에게 기회를 줄게. 너희가 원하는 선생님이 담임 선생님이 되게 하려면 어떻게 하면 될지 궁리해 봐. 그리고 행동으로 옮겨. 그래서 그 선생님이 너희에게 담임선생님을 하신다고 하면 나는 포기할게. 나는 지금 기분은 상하지만 너희가 행복하면 나도 행복하니까 괜찮아. 내가 포기할게."

그 후 여자아이들은 신용덕 선생님께 찾아가서 담임선생님이 되어 달라고 매일 조른다. 그러나 남자아이들은 자신의 감정을 솔직하게 표현하는 일을 잘 못한다. 자기가 좋아하는 선생님이 옆에 계셔도 뭐라고 말해야 할지 몰라 선생님이 싫어할 장난만 치고 온다. 아이들이 감정을 표현하면 좋겠다. 좋아하는 선생님을 담임선생님으로 모시기 위해 어떤 일을 해야 할지 궁리도 하고, 생각을 전달하는 방법을 찾고 행동으로 옮겼으면 좋겠다. 원하는 것을 얻을 수 없다고 해도 감정을 솔직하게 표현하고 나면 가슴속에 억울함이나 부당하다고 느끼는 감정들은 쌓이지 않을 것이다. 내가 담임이 되는 것을 원하지 않는다고 말한 아이들을 하루 종일 배신자라고 놀려 먹었다.

"김상태!"

"네?"

"배신자……."

"김상태!"

"네?"

"배신자……."

13년 동안 6학년을 맡으면서 내가 제일 먼저 하는 일은 아이들 말에 귀 기울이는 일이다. 아이들 말에 귀 기울이다 보면 교실은 시끄러움으로 가득하다. 말대꾸하고 짜증 내고 화를 낸다. 5년 동안 하면 안 된다고 믿었던 일을 6학년이 되어서 다 푸느라고 정신 없다. 그런데 이번 5학년들은 그 어떤 아이들보다 예의가 바르다. 신용덕 선생님이 나보다 훨씬 너그러운 사람임을 알아 버린 아이들은 나에게 풀 것이 없다. 신용덕 선생님이 맡았던 아이들을 맡으면 여러 가지로 편하다. 일단 아이들이 나에게 화내거나 신경질 부리는 일이 별로 없다. 그 대신 나를 신용덕 선생님만큼 사랑하진 않는다. 나도 사랑받고 싶은데, 세상에 공짜는 없다.

우리는 서로 입장이 같으니까 더 잘 통할 것이다

아이들은 원하는 선생님이 담임이 되지 않아 슬펐다면 나는 내가 원하는 아이들이 나를 싫다고 해서 슬펐다. 그러니 우리는 입장이 똑같다. 우리가 이 아픔을 잘 이겨 낸다면 아주 멋진 한 해를 보낼 수 있으리라는 기대감으로 새 학년을 시작하려고 한다.

올해는 교육과정이 많이 바뀌었다. 교사들끼리 모여서 '돌봄이 있는 따뜻한 학교'를 만들기 위해 많은 이야기를 나눈 후 정한 것이다. 오전 8시 40분부터 9시 10분까지 아침 시간에는 아이들과 마음 나누기를 하기로 했다. 나는 '5분 동안 눈 감고 자신과 만나기'와 '있었던 일을 글로 쓰고 발표하기'를 하려고 한다. 작년에 이어 이 활동을 계속하고 싶다. 이 활동을 통해 아이들은 자기 자신에 대해 좋은 점을 찾을 수 있었고 친구를 이해하는 마음이 많이 생겼기 때문이다. 중간 놀이 30분 동안은 수현이랑 연희와 많이 놀려고 한다. 여자아이가 둘밖에 없는데 5학년 때는 같이 놀아 주지 못한 것이 미안했기 때문이다. 노는 시간이면 정호가 늘 나를 독차지했는데 이제는 수현이랑 연희와 같이 놀아도 될 만큼 정호 마음이 많이 컸다. 학급 운영도 내가 일방적으로 정하지 않으려고 한다. 될 수 있으면 아이들과 함께 하고 싶다. 시간표를 같이 짜자고 하니까 "선생님, 그걸 우리가 어떻게 해요. 그냥 선생님이 혼자 다 하세요"라고 겁을 내는 아이도 있었고, "정말 우리가 마음대로 해도 되는 거예요. 저는 하고 싶어요"라고 흥미롭게 생각하는 아이도 있었다. 자신들이 원하는 대로 이 궁리 저 궁리 하면서 시간표를 짰다. 시간표를 다 짜고 나니까 수학 시간이 화요일과 수요일에 몰려 있다. 올해부터는 두 시간을 묶어서 수업을 하기로 했다. 아이들은 하기 싫은 수학을 빨리 끝낼 수 있어서 괜찮다고 하는데 나는 그 점이 걱정된다. 그래서 수요일 수학을 금요일 시간표와 바꿨으면 좋겠다고 했다.

"선생님! 좋은데 왜 그래요? 5학년 때는 수학이 한 시간씩 4일로 퍼져 있어서 4일 동안 기분이 나빴는데 이틀 만에 빨리 끝내니까 좋아요."

"나는 다 잊어버리고 올까 봐 그게 걱정이거든. 그러니까 시간을 조금 바꾸자."

"야~, 그것참 복잡하네. 그러면 목요일 국어랑 시간을 바꿔요."

"저도 좋아요. 그래도 2일이니까 좋아요."

아이들이 수학을 이렇게 싫어하는 줄 정말 몰랐다. 5학년 때는 선생님이 짠 시간표대로 따라 했는데 6학년 때는 우리가 짠 시간표니까 불만이 없단다. 시간표 짜는 일이 이렇게 어지러운 일인 줄 몰랐단다. 그래도 자기네가 직접 짜니까 새롭고 좋단다. 아이들이 좋다니까 나도 좋다.

20대 때는 학교생활에 필요한 틀을 익히느라고 힘들었다. 30대 때는 그 틀 때문에 마음을 나눌 수 없다며 화를 냈다. 마음공부를 꾸준히 한 40대인 지금은 마음을 표현하는 데 틀이 필요하다면 그 틀을 잘 이용하고 싶다. 그렇지만 나는 여전히 틀이 싫다. 학교생활에 필요한 틀을 배우던 20대 때는 아이들이 말대꾸하면 화를 냈다. 인사를 받지 않으면 왜 인사를 받지 않느냐고 캐물었다. 학교는 예의라는 틀을 지켜야 하기 때문이다. 그러나 지금은 대화의 방법 중에는 대들기 기법도 있다고 생각한다. 아이들이 나에게 마음을 여는 데 그 틀은 문제가 많았고 그 틀을 깨면 깰수록 아이들은 나에게 많은 이야기를 했다. 불행할 때는 불행하다고 이야기해 주고 행복할 때는 행복하다고 이야기한다. 정말 가슴 설레는 순간이다.

내 행복이 아이들에게도 전해지길

지난 1년 동안 주변 학교에서 근무하는 교사들을 만나게 되면 나만 행복해서 미안하다는 이야기를 많이 했다. 아이들이 어떤 잘못을 해도 괜찮다고 말하고 싶어서 작은 학교에 왔는데 아이들이 적으니까 그 일이 가능하다. 그리고 20년 넘게 교직에 있으면서 하고 싶었던 교육을 할 수 있는 마음 맞는 동료들도 옆에 있다. 행복해하는 나를 보며 한 후배는, "선배, 그렇게 좋아요? 지금 교육 현실은 여러 가지로 더 어려워지는데 뜻 맞는 선생님들끼리 모여서 선생님들만 행복하면 되는 거예요?"라며 곱지 않은 눈으로 보기도 했다. 맞다. 나도 그런 생각을 아주 많이 했다. 세상에 힘들게 사는 사람들이 많다는 것을 알게 된 젊은 시절에 나는 행복하면 안 되는 줄 알았다. 우리 모두 다 같이 행복한 세상을 꿈꾸며 학교에서 부조리한 일들이 벌어지면 교무 회의 시간에 벌떡벌떡 일어나 무엇이 잘못인지 따지기도 하고 옳지 않은 일을 요구하면, "그런 일은 할 수 없는데요"라고 말하며 싸우기도 했다. 그런데 나는 왜 싸우면 싸울수록 마음이 아팠을까. 옳다고 생각한 일을 실천에 옮겼는데도 나는 왜 행복하지 않았을까. 마음 닦기를 하면서 내가 책임감과 의무감에 전교조 활동을 하고 있다는 반성을 하게 되었다. 후배의 말은 틀리지 않다. 전교조 교사들이 하고 싶은 교육을 하기 위해 한 학교로 모인다는 것은 다른 학교에는 전교조 교사가 별로 없다는 이야기가 된다. 그런 학교들은 승진을 위한 경쟁이 아주 치열하다. 학교가 가져야 할 참모습은 아니다. 그래서 아주 많이 미안하다. 그러나 나는 지금 행복해지고 싶고 내가 아주 괜찮은 사람이라는 것을 나 스스로 인정하고 싶다. 내 행복이 아이들에게 전해져서 아이들도 행복하면 좋겠다. 내 자유가 남에게 방해가 되지 않도록 조심하면서 내 행복이 남을 불행하게 만드는 일이 아닌지 살피며 사는 지금이 나는 참 좋다.

한 방울 물에도
하늘과 땅의
은혜가 담겨 있거늘

"야, 정말 재밌었지? 어제 정호랑 양평에서 웃겼어. 그치?"

"텀블링할 때 정호가 무지 웃기게 넘어졌어. 정호는 진짜 웃겨."

아침에 지형이가 아이들과 하는 이야기가 내 마음을 사로잡는다. 어제 무슨 일이 있었는지 궁금한 나는 아이들에게 어제 있었던 일을 글로 써 보자고 했다. 아이들의 이야기를 종합해 보면, 정호와 같이 버스를 타고 양평에 가서 정호네 집에서 정호 아버님을 기다려 돈을 받으려고 했는데 아버지가 늦게 오셔서 정호가 화를 냈고 돈을 받은 후 그 돈으로 퐁퐁이(텀블링)를 타며 놀았다는 이야기다. 아침 일기에 정호는 아버지에게 화낸 것을 반성하는 글을 썼다. 꼭 1년 만에 내가 꿈에 그리던 일이 이뤄진 것이다. 한동안 마음이 둥둥 떠 있었다. 정호 이야기만 나오면 "선생님, 제가 정호 담임입니다. 제가 담임이에요"라고 떠들고 다녔다.

애들아, 정말 고생했구나

정신지체 장애를 가진 윤정호. 수학과 사회는 특수반 선생님과 공부를 한다. 수학은 두 자리 수 더하기를 하고 사회 시간에는 컴퓨터와 사회 상식에 대해 공부한다. 책은 읽을 수 있지만 내용은 잘 이해하지 못한다. 도와주려고 하면 다른 아이들에게는 그러지 않으면서 왜 자기만 도와주느냐고 싫어한다. 작년 3월 초에 처음 만났을 때 정호는 쉬는 시간마다 다음 시간에 무엇을 할 거냐고 물었다. 대답도 해 주고 시간표를 보면 알 수 있다고 가르쳐 줘도 계속 묻고 또 묻는다. 은근히 짜증도 나고 화도 났다.

"선생님, 언제 점심 먹어요?"

"네 생각에는 언제 먹을 것 같니?"

"영어 시간 끝나고 먹어요."

"그래, 그럼 영어 시간 끝나고 먹자."

"아녜요. 선생님~ 미술 시간 끝나고 먹어야죠."

"나도 그런 줄 알았는데 정호가 영어 시간 끝나고 먹자고 하니까 우리 반만 그렇게 하려고. 앞으로 선생님은 정호가 하자는 대로 할 건데?"

"아니에요. 선생님, 그러시면 안 돼요."

이 녀석이 왜 아는 것도 자꾸 묻는지 알 것 같다. 정호는 나와 이야기를 하고 싶은 것이다. 나도 억지를 쓰면서 이야기하는 재미가 아주 쏠쏠하다. 친구들이 자기와 놀아 주지도 않고 자기만 미워한다고 아이들에 대한 불만을 이야기하기 시작하면 정호의 입 주변은 하얀 침으로 얼룩진다. 그러면 나도 같이 우리 반 아이들에 대한 불만을 이야기한다. 우리는 그러면서 친해졌다.

"정호야, 오늘도 아이들이 청소도 안 하고 다 도망간 거 봐라. 아주 나빴어. 그래서 너와 나 둘이서 청소하잖아. 체육 시간에는 수업도 끝나지 않았는데 자기들 마음대로 다 들어갔잖아. 내 말도 안 듣는데 네 말은 들어 주겠니? 그냥 착한 우리가 용서하자."

"우리가요?"

"그래, 우리가."

정호가 없는 사회 시간에 아이들에게 정호 때문에 무엇이 힘드냐고 물었다.

"걔 때문에 전에 계시던 특수반 선생님한테 매일 혼났어요. 걔는 술래만 되면 안 한다고 우는데 어떻게 같이 놀아요. 그리고 제가 어깨동무를 하면 선생님한테는 목을 졸랐다고 이야기를 해요. 거짓말이 정말 심해요."

"저는요, 정호랑 같이 가다가 똑같은 말이 동시에 나온 거예요. 그래서 제가 정호의 팔을 살짝 꼬집으면서 '찌찌뽕'이라고 한 다음에 정호 보고 '땡' 하면 풀어 주는 거니까 '땡'을 하라고 했어요. 그랬더니 그때부터 소리를 지르고 화를 내면서 울부짖는 거예요. 주변에 계신 어른들이 저보고 왜 정호를 건드렸느냐고 한마디씩 하시는데 어이가 없어 죽는 줄 알았어요. 어른들이 제 이야기를 들고 의심해서 미안하다고 하셨지만 그래도 기분 나빴어요."

한 시간 동안 정호 때문에 힘들었던 이야기를 하는 아이들을 보면서 '정말 힘들었겠다' 라는 생각을 했다. 열한 살밖에 안 된 아이들이 정호를 어떻게 이해할 수 있을까? 같이 논다는 것은 그들이 정호를 받아 주고 정호를 살펴서 도와줘야 한다는 이야기인데 그 일이 가능한 것일까? 4학년 때 전학 온 정호 때문에 아이들은 어른들에게 혼나는 일이 많았다고 한다. 그래서 정호가 싫다고 했다.

"너희 정말 고생 많았다."

나는 이 말밖에 할 수가 없었다. 정호를 살펴서 도와주는 일과 놀아 주는 일은 나 같은 어른이 할 일이었다. 학교에서 쉬는 시간이나 점심시간에 정호는 나와 같이 있었다. 수학여행을 가도 나와 같은 방에서 잤다. 여름방학 하기 전에 수영장에 갔는데 내가 남자 탈의실에 들어갈 수가 없어서 우리 반에서 제일 너그러운 성우보고 정호 옷은 어디에 두어야 하는지 잘 알려 주었으면 좋겠다고 부탁했더니 성우가 대답을 안 한다.

"성우야, 탈의실엔 내가 들어갈 수가 없잖아. 그러니까 네가 조금만 도와줘."

"그러면 수영장 안에서는 같이 놀지 않아도 되는 거죠?"

"그건 걱정하지 마. 내가 있잖아. 나하고 놀 거야."

아이는 마치 집에서 어린 동생을 돌보다 지쳐서 힘들 때 엄마가

한 방울 물에도 하늘과 땅의 은혜가 담겨 있거늘

나타난 것처럼 편안해했다.

정호는 내 감성과 잘 맞는다. 은행나무에 아침 인사하는 나를 따라 같이 인사해 주는 아이도 정호밖에 없다. 하늘에 구름 한 점 없이 맑은 날 하늘을 보며 감탄하는 나보다 두세 배 더 많이 좋아하는 아이도 정호다. 길에 핀 민들레에 잘 있었느냐고 인사하면 정호는 "민들레야 걱정하지 마. 내가 지켜 줄게. 너는 어쩜 그렇게 씩씩하니? 사람들이 힘들게 해도 잘 지내"라고 민들레를 위로해 주는 아이다.

"너랑 놀지 않을 거야"

"정호가 선생님께서 '네가 계속 화내고 소리 지르면 정호랑 다시는 놀지 않을 거야'라고 하셨다는데 정말 그러셨어요? 선생님이 그런 말씀을 하셨다고 하기에 그럴 리가 없다고 했더니 엄마가 자기 말을 안 믿는다고 막 울더라고요. 정호가 이 세상에서 가장 많이 들었던 말이 너랑 놀지 않는다는 말이고 그래서 가장 싫어하는 말인데 선생님이 그런 말을 하셨다는 것이 믿기지 않아서 그럴 리가 없다고 하니까 정호가 울고 난리예요."

"맞습니다. 제가 그런 말을 했습니다. 죄송합니다. 그런데 그 말은 정호가 아무리 싫어해도 우리 주변에 늘 둥둥 떠다니는 말이고 그 말을 정호가 이겨 내야 한다고 생각합니다."

정호는 좋아하는 물건에 집착하는 경향이 있어 늘 들고 다닌다. 우리 반 아이들은 그것이 무엇인지 궁금해했다. 그래서 만져 보면 그때부터 소리를 지르고 화를 낸다. 그런 일이 여러 번 반복될 즈음에 나는 정호에게 너랑 안 놀 거라고 말했다. 그리고 정호가 묻는 말에 대답을 안 했다. 온종일 나를 조심스럽게 관찰하는 정호의 모습은 감동이었다. 대답 안 한다고 화내고 소리 지르고 매달리면 어쩌나 걱정을 했는데 정호는 자신이 무엇을 잘못했는지 조심하는 눈치였다. 어머님께 그런 감동을 전해 드리고 부탁했다.

"어머니, 앞으로 정호가 하는 말은 무조건 맞다고 해 주셨으면 좋겠습니다. 저는 아이들과 같이 생활하니까 무조건 정호 편을 들 수 없습니다. 학교에서 충분히 어려움을 겪는 아이니까 어머님은 정호 말을 그대로 믿어 주세요. 그리고 제 욕을 하면 같이 하세요. 선생님이 그러시면 안 되는데 우리 정호 힘들게 왜 그러시는지 모르겠다고 하세요."

정호가 화를 내면 내 달력에 표시를 한다. 정호는 12번 걸리면 자기와 안 놀아도 된다고 했다. 그래 놓고는 화를 내고 난 다음에는 선생님이 자기랑 안 놀아 줄 거라며 서럽게 운다. 그 모습을 본 정호 어머니는 아이가 너무 심하게 스트레스를 받으니까 달력에 표시하는 일을 멈춰 주면 안 되겠느냐고 하셨다. 그런데 나는 정호가 나 때문에 스트레스를 받고 있다니 참 기뻤다. 가까이 다가가려고 하면 야생마들처럼 확 달아나 버리는 우리 반 아이들과 달리 정호는 나를 믿고 따른다. 참 다행이다. 정호는 자신이 부모님에게나 친구들에게 화를 낼까 봐 걱정인 아이다. 늘 자기 의지와 상관없이 화를 내는 자신이 싫다고 한다. 사실 작년 5월 이후로는 정호가 소리 지르고 화낸 후에는 늘 나에게 먼저 와서 고백했다. 그래서 달력에 기록한 것은 3번 정도로 끝이었다. 그런데도 늘 걱정이란다. 그렇게 걱정하면서 노력하더니 지금은 느닷없이 화내는 일이 그렇게 많지 않다.

아이들의 모습은 참 예쁘다

"정호는 바보."

"상태야, 그러면 안 돼. 그런 말은 나쁜 말이야."

"그래도 정호는 바보."

"너 자꾸 그러면 선생님한테 이른다."

"이를 테면 일러 봐. 어이구~ 바보. 병신."

"상태야! 너 그러면 안 돼. 그렇게 나쁜 말을 하면 안 되는 거야. 너 혼나면 어쩌려고 그러니?"

점심시간에 상태와 정호가 식당에서 말씨름을 하는데 나는 그냥 슬며시 나왔다. 아이들과 잘 어울리지 못하는 정호에게 상태는 그렇게 놀리면서 옆에 붙어 있다. 그러다가 정호에게 도와줄 일이 생기면 돕기도 한다. 운동장에 정호가 혼자 앉아 있으면 상태가 어슬렁거리며 옆에 가서 앉는다. 몸을 만지는 것을 싫어하는 정호를 만지기도 하고 듣기 싫어하는 말을 하는지 정호가 인상을 쓰기도 한다. 그러나 그 아이들의 모습은 참 예쁘다.

학교행사 때문에 상태 아버님이 학교에 오셨다. 내가 인사를 하니까 정호는 누구냐고 묻는다.

"정호야, 너랑 제일 친한 친구 아버지셔."

"연희요?"

"연희는 여자잖아. 남자 친구 중에, 누구 아버지실까?"

"상태 아빠요."

상태 아버지와 나는 오랫동안 이야기를 했다. 상태가 말을 안 듣고 매일 장난만 쳐서 걱정이 이만저만이 아니시란다. 나는 상태가 정호에게는 아주 좋은 친구라는 사실을 알려 드렸다. 그래서 나는 상태가 무조건 좋다고 했다. 상태가 친구들을 너무 놀려서 친구들은 상태의 놀림이 지긋지긋하다고 한다. 수현이가 실수로 상태를 툭 쳐서 상태가 "왜 그래"라고 했는데 그 말을, 살을 빼려고 노력하는 수현이는 '멧돼지'로 잘못 듣고 상태를 막 때렸다. 상태가 너무 어이없어서 화를 내며 수현이를 때리려고 할 때 우리가 말렸다. 친

한 방울 물에도 하늘과 땅의 은혜가 담겨 있거늘

구들을 얼마나 놀렸으면 아이들은 상태가 말만 하면 다 자기를 놀린다고 생각한다. 정호도 상태가 장난을 치면 "이런 상태 같으니라구"라고 한다. 놀리기를 잘하는 상태가 실은 마음이 따뜻한 아이라는 것을 정호 덕분에 마을 어른들도 학교 선생님도 다 알게 되었다.

스무 살을 뛰어넘는 친구

신규 교사로 특수반에 조선현 선생님이 발령을 받아 오셨다. 나와 스무 살 차이가 난다. 정호와 놀아 줄 친구를 끌어들이기 위한 작전이었을까? 특수반에는 여러 가지 게임들이 많다. 블루마블을 마음껏 할 수 있는 곳도 특수반이다. 아이들은 수업이 끝나면 특수반에 가서 진을 친다. 우리 반 아이들은 학교에서 알아주는 야생마들이라 선생님을 꽤 힘들게 만들 텐데도 다 받아 주신다. 특수반 선생님은 우리 반 아이들이 놀 때 정호를 옆에서 구경하게 놔두는 것만으로도 고맙다고 하신다. 보건 일을 맡고 있는 선생님은 학교 아이들의 어려움을 따뜻한 마음으로 해결해 주신다.

학교에 아이들이 점점 줄어서 겨울방학 동안 동료 교사와 함께 양평읍에 있는 유치원을 다니며 홍보했다. 어느 유치원 원장님께서 조용한 학교를 알아보고 있는 분이 있다고 하셨다. 그 아이는 몸이 불편하다고 했다. 특수반 선생님뿐만 아니라 우리 학교 선생님 모두에게 감동하고 있는 나는 그 아이가 우리 학교에 오면 행복할 것이라는 믿음이 있었다. 아이 부모는 학교 설명회에 오셨고 우리 학교에 오기로 마음먹고 학교 주변에 집을 구했다. 서울에 살던 그분들은 우리 학교를 믿고 이사를 했다. 아이는 누가 도와주지 않으면 혼자서 걷지를 못했다.

"서어언새애애님은 모옥소오리가 이이상해애요."

그 아이에게 인사를 하니까 나에게 한 말이다. 그 아이 말이 맞다. 내 목소리는 아주 크고 굵다. 그래서 저학년 아이들은 나를 보면 늘 묻는다.

"선생님은 여자예요, 남자예요?"

아이가 똑똑하고 밝다며 특수반 선생님이 대견해하신다. 아이의 이름은 지현이다.

입학식은 전교생이 참석했다. 선배들의 축하 공연이 있었다. 저학년은 노래를 부르고 고학년은 리코더도 연주하고 자신들이 음악 시간에 만든 춤을 선보였다. 6학년은 1학년 아이를 업고 식장을 한 바퀴 돌기로 했기 때문에 몸이 불편한 지현이에게 업어도 되느냐고 물었다. 지현이는 사람이 많은 곳에 있게 되니까 마음이 불편한지 화를 냈다. 그래서 싫다는 대답만 들었다. 신입생들이 6학년 등에 업혀서 식장을 한 바퀴 돌 때 지현이는 자기 담임선생님 등에 업혀 있었다. 고마운 일이다.

"선생님, 성공하셨네요."

1학년 선생님은 환하게 웃으면서 식장을 한 바퀴 돌았다. 그 모습을 보고 교장, 교감 선생님은 아이를 위해서나 선생님을 위해서나 보조 교사를 구해야 하는데 그러지 못하니 걱정이라고 하는데 특수반 선생님은 "걱정하지 마세요. 제가 하면 됩니다"라며 웃는다. 그 웃음에 우리 걱정은 다 날아가 버렸다.

조선현 선생님과 정호 문제로 이야기를 나눌 때면 많은 것을 깨닫게 된다.

"선생님, 정호 정말 귀엽지 않아요? 이야기도 잘하고 머리도 똑똑해요. 정말 귀여운 캐릭터 아니에요?"

나는 정호를 마냥 귀엽게만 보지 못하는데 선생님은 정호가 예뻐서 죽겠다는 눈으로 바라본다. 정호가 아이들에게 화내고 소리지르는 일도 걱정스럽고 화장실까지 따라다니는 것도 마음이 언짢았는데 특수반 선생님의 이야기를 들으니까 정신이 확 깬다. '그래, 맞아. 우리는 다 만화영화 속 캐릭터들처럼 그 역할을 충실히 수행할 뿐이야'라는 생각이 내 마음을 편하게 만들었다. 캐릭터라고 생각하니까 내 감정이 직접적으로 흐르지 않는다. 있는 그대로를 인정하는 일이 쉬워졌다.

작년 2학기에 정호가 아무 의욕도 없이 멍하게 앉아 있어서 걱정했다. 그때 특수반 선생님과 나는 아이를 다그치지 않기로 했다.

못해도, 안 해도 사랑받고 있음을 보여 주자고 했다.

"정호야, 괜찮아. 그래도 돼."

특수반 선생님에게 느껴지는 이 동지애는 무엇일까? 스무 살을 뛰어넘는 친구가 생겨서 참 좋다.

아이의 눈이 참 맑다

"엄마, 내가 뭐 어떻다고 그러는데? 왜 나 때문에 걱정이 되는데?"

정호 때문에 걱정이 많다는 말씀을 하는 어머님께 정호가 눈물을 글썽이며 따진다. 그때, 인권 연수에서 강연했던 분의 말씀이 떠올랐다. 소아마비로 다리를 잘 못 쓰는 분이었다.

"여러분은 자신이 세상에 쓸모없는 사람이라는 생각이 들면 어떻게 하시겠습니까? 스스로 쓸모없는 인간이라는 생각과 싸워 이기기도 힘든데 주변 사람들까지 그런 몸으로 어떻게 살겠느냐는 동정을 하면 기분이 어떨지 생각해 보셨습니까?"

등줄기로 오싹함이 흐른다. 나도 그런 생각을 했다. 있는 그대로 나와 똑같이 자연의 은혜로움을 받고 태어난 사람이란 생각을 못 했다. 내가 도와주어야 할 것 같은 부담스러운 사람들이었다. 그렇다고 내가 잘 도왔느냐 하면 그것도 아니면서.

4월이면 장애인의 날을 맞아 많은 행사를 했다. 아이들과 눈을

한 방울 물에도 하늘과 땅의 은혜가 담겨 있거늘

가리고 교실까지 오르내리기도 하고 운동장을 한 바퀴 돌기도 했다. 하루 종일 말을 안 하고 생활하기도 했다. 아이들은 힘든지 장난도 치고, 말 못 하는 어려움을 하소연하기도 했다. 장애인의 날이면 아이들에게 장애인을 이해하는 데 도움이 될 무엇인가는 꼭하고 싶었다. 그런데 정호와 1년을 같이 생활하면서 정호 때문에 내 마음이 더 많이 풍요로워졌다. 감기 때문에 아픈데도 운동장을 다섯 바퀴를 뛰는 아이에게 "못 하겠으면 못 하겠다고 말하지 왜 뛰느냐"고 하니까 "선생님이 시키는 일은 뭐든지 잘하고 싶다"는 아이의 순수함이 나를 설레게 한다. 정호가 걱정되어 매일 학교까지 아이를 데려다 주고 데리러 오던 정호 어머님은 이제 학교에 안 오신다. 정호가 매일 버스를 타고 다닌다. 집에 돌아갈 때도 마찬가지다. 처음엔 버스 정류장에서 정호 아버지가 기다렸다. 그러다가 정호가 버스에서 내리면 정호 아버지가 몰래 뒤따라가며 살폈다. 지금은 정호 혼자서 집에 간다.

1학년 지현이와 같이 특수반에서 공부를 한 날 정호는 행복하다고 했다. 지현이가 자기를 좋아해 줘서 좋다고 한다. 무슨 말인지 잘 알아듣지 못하게 말하지만 자기가 할 말을 끝까지 하는 모습이 대단하고 걸음도 잘 걷는 것 같다고 좋아한다.

"선생님! 제가요, 지현이가 오빠라고 해서 기분이 좋았어요. 그런데 기분이 좋으면 웃어야 하는데 감동이 가슴까지 꽉 차더니 눈에서 눈물이 막 나오는 거예요. 저 울었어요."

아이의 눈이 참 맑다.

한 방울 물에도 하늘과 땅의 은혜가 담겨 있거늘

"혼내는 것보다는
위로해 주는 게
더 좋아요"

아이들과 생활하면서 늘 생기는 문제 1 : 놀리기

학급 회의 시간이다. 학교생활을 하면서 어려움이 있으면 말하라는 회장의 말에 성우는 "쉬는 시간에 현우가 찌질이라고 놀려서 괴롭습니다"라고 한다. 현우는 "성우를 놀린 것은 맞는데 성우도 놀렸습니다"라고 대꾸했다.

"제가 뭐라고 놀렸습니까?"

"제가 놀리면 성우도 똑같이 찌질이라고 놀렸기 때문에 문제 없습니다."

"누구나 놀리면 같이 놀리게 되는데 먼저 시작한 사람이 잘못입니다."

요즈음 우리 반은 상태와 현우의 짓궂은 장난 때문에 모두 화가 나 있다. 착한 성우는 학급 회의 시간에 자신이 얼마나 괴로운지 이야기하느라 정신없다. 두 아이가 계속 자신의 생각이 옳다고 우기니까 회장이 계속 놀리면 어떤 벌을 줄지 생각해 보자고 한다.

"놀리는 사람이 싫어하는 일을 시킵시다."

"화가 풀릴 때까지 그 친구를 놀립시다."

"나머지를 하거나 반성문을 씁시다."

"운동장 뛰기를 해도 좋을 것 같습니다."

현우는 봄방학 동안 고모네 집에 가서 엄마를 만나고 왔다. 네살 때 집을 나간 엄마를 열두 살 때 만난 것이다. 늘 그리워하던 엄마를 몇 시간 만나고 돌아온 현우의 마음은 뜨거움과 차가움 사이를 헤매고 있는 것 같다. 수학 시간에는 수학 문제가 잘 풀리지 않는다고 수학익힘책을 북북 찢어 버렸다. 친구들을 놀리고 화를 내야 덜 힘든가 보다.

아이들은 벌을 주는 방법 말고 서로의 마음이 풀어질 수 있는 방법을 찾아보자는 내 의견을 무시하고 세 번 이상 걸리면 스티커를 주자는 것으로 결론을 짓는다. 상태와 현우는 앞으로 친구들을 놀리지 않을 것이고 자기들이 놀리면 스티커를 붙여도 좋다며 스티커 세 개에 운동장 다섯 바퀴를 뛸 것이니까 걱정하지 말라고 떠든다. 그러나 한 달이 지나서 스티커 개수를 세 보니 현우는 아홉 개, 상태는 열두 개였다. 아이들은 현우는 매일 열다섯 바퀴씩 한 달을 뛰어야 하고 상태는 스무 바퀴씩 한 달을 뛰어야 한다고 난리다. 첫날은 회장이 아이들을 데리고 나가 운동장을 뛰게 하더니 힘들었나 보다. 운동장에 서서 아이들이 운동장을 몇 바퀴 뛰는지를 세는 일이 뭐 그리 좋겠는가. 그래서 그 일은 결국 내 일이 되고 말았다. 작년부터 나와 함께 매일 아침 운동장을 다섯 바퀴씩 뛰는 아

"혼내는 것보다는 위로해 주는 게 더 좋아요"

이들이 있다. 달리기를 싫어하는 수현, 비행사가 꿈인 89kg의 성우, 힘든 일을 하기 싫어하는 정호는 나와 함께 운동장 뛰는 일을 좋은 마음으로 계속하고 있다. 매일 아침 운동장을 뛰는 것은 내가 나에게 주는 선물이다. 끈기가 없는 상태와, 달리기를 잘하지만 달리고 싶어 하지 않는 현우와 매일 다섯 바퀴씩 한 학기 동안 뛰기로 타협을 보고 요즈음 함께 뛰고 있다. 그 녀석들 다리에 힘이 아주 많이 생기겠다. 기분 좋은 일이다.

포기하고 싶지 않은 것

말하기 · 듣기 시간에 '연어의 꿈'을 공부하며 강산에의 〈거꾸로 강을 거슬러 오르는 저 힘찬 연어들처럼〉이란 노래를 들려주었다. 아이들은 무슨 저런 노래를 들려주는지 모르겠다는 눈빛으로 나를 쳐다본다. 두 번 들려주고 들은 낱말을 적으라고 했다. 그리고 그 단어들을 이용해서 이 노래의 내용이 무엇인지 찾아보라고 했다. 아이들은 '포기할 순 없는 거야', '걸어가다 보면', '가야만 하는', '햇살을 보겠지'라는 노랫말이 들렸다면서 각자 자신이 추측한 이야기를 한다. 이야기가 끝난 후 노래를 다시 들려주었더니 한 번 더 듣고 싶다고 한다. 그래서 한 번 더 들려준 다음에, 너희가 포기하지 않고 꼭 이루고 싶은 것은 무엇이냐고 물었다. 부모님이 이혼

하셔서 할머니와 사는 성우는 가정은 꼭 지키고 싶다고 한다. 화가
나면 형을 때리는 진호는 중학교에 가서 나쁜 길로 빠지지 않고 싶
다고 한다. 의리를 지키고 싶다는 아이, 자신이 원하는 직업을 꼭
이루고 싶다는 아이 등 아주 오랜만에 자신들 이야기를 솔직하게
말해서 수업 분위기가 좋았는데 상태와 현우만 이야기 속으로 들
어오지 못했다. 현우는 수업 시간에 상태와 눈을 맞추면서 장난을
치고 시시덕거리며 웃느라고 정신이 없다.

아이들과 생활하면서 늘 생기는 문제 2 : 폭력

현우는 작년에 여섯 살짜리 유치원생을 때려서 학교를 시끄럽게
만든 적이 있다. 무엇이 그렇게 분한지 울면서 올라온 현우에게 나
는 할 말이 없었다. 그냥 어깨만 토닥여 주고 말았다.

이런 현우가 전교 어린이회 부회장에 단독 후보로 나와 무투표
당선이 되었다. 전교 어린이 부회장이 폭력을 휘두르는 것은 정말
큰일이라는 생각에 현우를 그냥 둘 수가 없었다.

"다른 반 교실에 가서 동생들을 괴롭히거나 수업을 방해하는 일을
한 번이라도 하면 너희가 제일 좋아하는 체육 수업을 안 할 거야."

내 말을 이해하지 못한 것일까? 현우와 상태는 4학년 교실에 가
서 동생들을 괴롭히기도 하고 수업 중에 4학년 교실 창문을 두드려

"혼내는 것보다는 위로해 주는 게 더 좋아요"

서 수업을 방해하기도 했다. 다른 아이들은 설마 하면서 나를 쳐다보았지만 나는 내가 한 말을 그대로 실천에 옮겼다. 2주 정도 체육을 안 한 후에야 아이들은 조심했다. 5월에는 어린이날 기념 체육대회나 야영이 잡혀 있어서 체육 시간이 넘친다. 교육과정상 1학기말에는 체육 수업을 안 하게 되어 있는데 미리 안 한 셈이다.

"현우가 3학년 여자아이의 핸드폰을 집어던지고 그 아이 인형도 집어던져서 흙투성이가 되게 만들었습니다. 그것을 본 사람은 그 때의 상황을 묘사하는 글을 쓰고 못 본 사람은 전교 어린이 부회장으로서 할 일인가에 대한 각자의 의견을 써 주시기 바랍니다."

아침 자습 시간에 아이들은 일기장에 자신의 생각을 글로 써서 발표했다. 현우만 아무 말도 하지 않는다. 앞으로 현우는 이 문제를 어떻게 해결할 거냐는 내 물음에도 대답을 안 한다. 현우는 고집이 아주 세다. 절대 잘못을 인정하지 않을 것이 분명하지만 그냥 슬쩍 넘어갈 수 없었다. 내일 점심시간에 다시 모여서 이 문제를 이야기하기로 했다. 아이들은 점심시간에 놀지도 못한다고 짜증이다. 점심시간에 모이기 전, 현우가 자리에 없을 때 우리 반 아이들과 이야기를 나눴다.

"선생님에게 혼날 때 친구들이 위로해 주는 게 좋을까, 선생님하고 같이 나쁘다고 이야기하는 게 좋을까?"

아이들은 친구들이 위로해 줄 때 마음이 편하다고 한다.

"지금부터 우리 각자 자기 역할에 충실하자. 나는 선생님으로서 현우의 잘못을 혼낼 테니까 너희는 현우가 왜 그랬는지 이유를 찾아보고, 위로해 줄 수 있는 말을 찾아서 해 주기다."

현우에게 앞으로 어떻게 할 것이냐고 내가 다그치니까, 아이들은 3학년 여자아이가 일부러 우는 척을 해서 화가 났을 것이라는 둥, 금방 돌려줄 텐데 기다리지 못하고 우는 척을 한 3학년도 잘한 것은 없다는 둥, 지금은 잘못했지만 다음에는 잘할 거라는 둥 현우를 감싼다. 그래도 현우는 말을 하지 않는다. 그래서 다음 날 점심시간에 다시 모이기로 했다. 현우의 눈치를 보며 앞으로 어떻게 할 것이냐고 또 물었다. 그랬더니 회장인 태현이가 앞으로 후배를 괴롭히는 일이 또 생기면 우리 반 모두가 후배들에게 존댓말을 한 달 동안하면 어떠냐고 했다. 모두 그렇게 하는 것이 좋겠다고 해서 회의를 일찍 끝냈다. 회의를 일찍 끝내기 위해서 실천하지도 못할 약속을 했는지 몰라도 나는 아이들에게 고마웠다. 현우의 탓으로만 돌리지 않고 우리 반 친구들이 다 같이 노력해 보겠다는 마음이 참 예쁘다.

평화는 경험할수록 좋다

우리 학교 학급 회장과 부회장, 전교 어린이회 회장과 부회장 아홉 명이 '평화를가꾸는사람들'이라는 캠프장에 가서 1박 2일 마음을 나눴다. 주제는 '평화로운 학교 만들기'였다.

"학교에는 여러 가지 문제들이 참 많아요. 언제부터인지 아이들 속에도 어른들이 가지고 있는 권력들이 들어 있습니다. 선배에게 대들었다고 후배를 때리는 아이도 있고, 동생들을 선배라는 이름 으로 짓궂게 괴롭히는 아이도 있습니다. 선생님에게 혼나고 맞기 도 하지만 5, 6학년 아이들의 버릇은 쉽게 고쳐지지 않습니다. 아 이들이 믿고 있는 방식은 언제나 늘 어른들의 방식과 닮아 있습니 다. 어른들도 아이들이 잘못을 하거나 실수를 하면 너그럽게 용서 하는 방식보다는 자신이 어른임에도 존중받지 못했다는 억울함을 아이들에게 풀려고 합니다. 그래서 아이들도 친구나 후배의 실수 를 너그럽게 받아 주기가 어렵습니다. 그들이 그런 경험이 없으니 그럴 수밖에 없다는 생각에서 평화를가꾸는사람들이라는 캠프장 을 운영하게 되었습니다."

강사님과 이야기를 나누면서 우리가 참 좋은 곳에 왔다는 생각 을 했다. 일정을 일방적으로 정하지 않고 아이들과 의논하는 일부 터 시작하는 이곳 강사님이 참 인상적이다. 원래 계획은 아이들에 게 텐트를 치는 공동의 일을 주면서 그들이 어떻게 반응하는가를 살펴서 어른들이 도와줄 일을 도와주기로 했는데 그날이 3월 중 가 장 추운 날이라 어떻게 하면 좋은지를 아이들과 의논했다. 아이들 은 텐트 치는 일보다 통나무집에서 편히 쉬길 원했다. 통나무집 두 개에 여자와 남자로 나눠서 숙소를 정하려고 했는데 하나는 화장실을 쓸 수 없다고 했다. 아이들에겐 심각한 문제가 발생한 셈이다. 아이들은 여자, 남자로 나뉘어서 화장실이 편한 통나무집을 쓰겠다고 싸운다. 강사님은 아이들의 이야기를 열심히 들어 주고 밖에 있는 화장실의 좋은 점을 설명해 주며 같이 가서 보여 준다. 아이들에게 각자의 상상대로 문제를 풀어 나가지 않도록 지금의 상황을 끝까지 차분히 설명해 주고 아이들이 선택할 수 있도록 돕는다. 다른 사람의 말을 비교적 진지하게 듣는 여자아이들이 밖에 있는 화장실을 쓰기로 했다. 저녁 식사는 남자아이들은 5학년 선생님을 중심으로 여자아이들은 나를 중심으로 모여서 만들었다. 아주 오랜만에 공주가 된 기분이다.

"선생님 저는 쌀을 한 번도 씻어 본 적이 없는데 제가 씻어도 되나요?"

4학년 아이 말에 다른 아이들도 다 자기들이 하겠단다. 그래서 그러라고 했다. 각자 집에서 가지고 온 밑반찬과 내가 끓인 김치찌개로 저녁을 먹었다.

"선생님, 밥이 너무 질게 됐나요?"

"나는 진밥 좋아해. 정말 맛있다."

"나는 진밥 안 좋아하는데요, 이상하게 맛있어요."

그 자리에 강사님이 오셨다. 아이들은 선생님도 같이 드시라고 난리다. 강사님은 맛있게 저녁을 드시면서 아주 슬쩍, "너희는 학교 임원으로서 1년 동안 어떤 일을 하려고 하니?"라고 물으신다.

"저는요, 아이들 소원을 한 가지씩 들어줘야 해요."

4학년 정은이의 말이다.

"정말 놀랍다. 어쩜 그런 일을 생각했을까? 정말 마음이 예쁘다."

"그게 아니고요. 정은이 공약이 그거였어요. 그래서 해야 해요."

"선생님, 저는요. 아이들이, 물을 가져와라, 뭐 그런 심부름은 얼마든지 할 수 있는데, 나가 죽으라는 소원은 들어줄 수 없어요. 어떻게 하죠?"

밥을 먹던 우리는 정은이 말에 배를 잡고 웃었다. 정은이는 설거지도 자기가 하겠단다. 새연이와 함께 설거지하느라고 정신이 없다.

아이들과 생활하면서 늘 생기는 문제 3 : 욕심

짐을 실어 나르기 위한 차를 아이들이 타고 싶다고 해서 남자아이들이 먼저 타고 마을을 한 바퀴 돌고 왔다. 다음에 여자아이들이 타기로 했는데 현우와 태현이가 더 타겠다는 욕심으로 내리질 않아 여자아이들이 탈 수가 없었다. 현우는 여자아이들에게 밀려서 화를 내며 내렸고 태현이는 가만히 앉아 있다. 강사님은 여자아이들이 다 탔으니 지금 떠날 수도 있는데 태현이 네 마음이 어떠냐고 묻는다. 그리고 "태현이가 '출발'이라고 말해야 갈 거야"라고 했다. 태현이는 아무 말도 안 한다. 태현이는 우리 반 회장인데 자기에게 불리하거나 기분이 상하면 절대 말하지 않는다. 여자아이들은 빨리 떠나자고 난리다. 강사님은, 그럼 현우가 화를 내며 내렸는데 그 아이보고 우리가 출발해도 되느냐고 물어보자고 했다.

"출발해요."

현우 말에 차가 출발했다.

저녁에는 마당에 불을 피워 놓고 주위에 둘러앉아 불놀이를 했다. 현우와 태현이는 삐쳐서 불 가까이에 오질 않는다. 그냥 놔두었더니 30분 후에 우리 옆에 와서 앉는다. 노래하자고 해서 내가 "모닥불 피워 놓고~"를 부르고 있는데 새연이가 "선생님, 우리 밝은 노래 불러요. 〈아기 염소〉 어때요?"라고 한다. 아이들이 서로 부르지 않으려고 해서 내가 시작했는데 내 노래가 너무 느렸나 보다. 아이들은 그때부터 자기들이 아는 노래를 열심히 부른다. 정은이는 독창도 멋지게 잘한다.

강사님은 아이들과 고구마를 구워 먹으면서 "너희는 하루 중에 언제 마음이 평화롭다는 생각을 하니?"라고 물었다. 아이들은 "잠잘 때요", "재미있는 놀이 할 때요", "부모님과 같이 있을 때요"라고 대답한다. 강사님은 아이들에게 평화로움이 무엇인지 경험할 수 있도록 아이들이 원하는 방향으로 이야기를 풀어 나가고 원하

"혼내는 것보다는 위로해 주는 게 더 좋아요"

는 대로 할 수 있도록 도와준다.

다음 날 새벽 6시부터 일어나서 밥을 한다고 모두 바쁘다. 밥이 아주 잘 되었다며 새연이가 웃는다. 새연이는 어제보다 물을 조금 적게 넣었다고 했다. 뒷산을 산책하면서 고라니 발자국도 보았다. 마지막 정리는 여러 가지 사진을 펼쳐 놓고 평화롭다고 느끼는 그림 두 장을 뽑아서 이유를 설명하고 오늘 집에 가서 자기 마음을 평화롭게 만들기 위해 자신이 하고 싶은 일을 적어서 실천해 보기로 하고 헤어졌다. 컴퓨터 게임에 빠져 있는 현우의 계획은 '컴퓨터 게임 충분히 하기'일 거로 생각했는데 잠자기였다. 현우가 잠을 잘 못 자는 모양이다. 차 안에서 아이들은 밥을 해 먹었던 일과 자유롭게 놀았던 일이 참 좋았다고 한다.

잘못을 사과하니까 마음이 편하다

아이들을 가르친다는 것은 무엇일까? 목표에 맞게 도입 – 전개 – 정리로 아이들을 이끌어 가는 게 아니라, 아이들이 공부할 자세가 되어 있는지 살피고 그들이 원하는 방식대로 실천해 보고 스스로 문제를 해결할 수 있도록 돕는 교육을 하고 싶다. 아이들 마음속에 평화로움이 가득해서 평화롭지 않은 많은 것을 거부할 힘을 키워 주고 싶었지만 나는 현우에게 그러지 못했다. 단점을 이야기하고 그 문제를 어떻게 해결할 것이냐고 따지고 묻느라고 내 마음도 평화롭지 않았다. 현우도 많이 힘들었을 것이다. "후배들을 괴롭히지 마라." "복도에서 조용히 다니자." "후배들 교실 들어가서 마음대로 행동하면 안 된다." "그러지 않기로 했는데 왜 그랬니?" 한 달 가까이 이런 말만 하고 나니까 기분이 나쁘다. 그리고 그런 말을 하기 싫었다. 현우에게도 미안했다. 그래서 현우의 일기장에다 편지를 썼다.

현우야! 미안하다. 나는 너를 많이 좋아한다. 현우 때문에 친구나 동생들이 힘들다고 하니까 내 마음도 아팠다. 그래서 잘못을 찾고 그것을 해결하기 위해 우리가 어떤 노력을 할 수 있을까 찾다 보니 내가 자꾸 너에게 나쁜 말만 하게 되었다. 너에게 멋지다는 말도 하고 싶었고, 네가 있어서 내 마음이 행복하다는 말도 하고 싶었는데 그런 말보다는 왜 그렇게 했느냐고 따지듯이 묻는 일이 많아서 내 마음이 아팠다. 이제는 그런 말은 그만하려고 한다. 그동안 힘들게 만든 나를 넓은 마음으로 용서하길 바란다. 좋아하는 너에게 좋아한다는 말만 하고 살도록 노력해 볼게.

이제야 마음이 편하다. 상태랑 현우의 장난은 앞으로도 계속될 것이다.

"혼내는 것보다는 위로해 주는 게 더 좋아요"

"얘들아, 너희가 실수했을 때 선생님이 혼내는 것이 실수를 고칠 수 있는 방법일까, 아니면 기다려 주고 위로해 주는 것이 더 좋을까?"

"기다려 주고 위로해 주는 것이 더 좋아요."

"그러면 상태랑 현우가 자꾸 놀리고 짓궂은 장난을 치는데 우리가 화를 내면서 쫓아다니는 것이 좋을까? 화내지 않고 그냥 놔두는 게 더 좋을까?"

"화내도 장난치고 화를 안 내도 장난치니까 그냥 놔두는 게 더 좋겠네요."

우리 반 아이들 마음은 원망하는 마음에서 기다려 주자 쪽으로 바뀌고 있는데 후배들에게 상태와 현우의 장난을 어떻게 이해시켜야 할지 걱정이다.

"혼내는 것보다는 위로해 주는 게 더 좋아요"

그래도 웃자

동생들에게 주는 생일 선물 : 괴롭히지 않기

올해부터는 매주 학생회 활동이 달라졌다. 매달 첫 주는 교장·교감 선생님과 만나고 둘째 주는 교실에서 학급 회의를 한다. 셋째 주는 전교 어린이들이 다 모여서 서로에게 부탁하고 싶은 말을 하고, 넷째 주에는 작은 발표회를 한다. 생일잔치를 겸한 발표회다.

전교생이 모여서 학년별로 하고 싶은 부탁을 큰 종이에 적어서 발표하는 시간을 가졌다. 동생들은 선배들에게 할 말이 아주 많은 모양이다. '놀리지 말아요', '장난치지 말아요', '때리지 말아요', '욕을 하지 말아요', '이상한 별명을 부르지 말아요' 등 자신들의 마음을 적느라 정신없다. 6학년이 장난을 많이 쳐서 그런지 6학년 이름이 많이 적혀 있다. 6학년도 후배들에게 까불지 말라는 부탁을 아주 거칠게 한다. 아이들이 적은 글을 복도에 붙여 놓았다. 선배나 후배들이 무엇을 싫어하는지 알았으니까 서로 조심하면 참 좋겠다.

3월에 우리 반 아이들은 작은 발표회 때 〈당신은 사랑받기 위해 태어난 사람〉이란 노래를 불렀다. 참 기특한 녀석들이다. 가르쳐 주지도 않은 노래를 하자고 해서 물었더니 교회에서 다 배웠단다.

"친구들과 생활하면서 서로 싸웠던 경험을 몸으로 표현하고 노래에 맞게 용서하는 모습을 보여 주는 것으로 하면 어떨까? 모둠별로 준비해 볼래?"

아이들은 뜻밖에 재미있어했다. 친구가 놀려서 화를 내며 쫓아가서 때렸던 이야기, 필통을 들고 가다가 친구와 부딪혀서 필통에 있던 연필이 다 쏟아지고 부러져서 화났던 이야기, 모퉁이를 돌다가 친구와 부닥쳐서 싸웠던 이야기를 동작으로 보여 주다 노래를 부르기도 했다. 둘은 싸우고 한 명이 화해시키는 장면을 멋지게 잘해냈다. 그리고 9명이 각자 〈생〉 〈일〉 〈을〉 〈축〉 〈하〉 〈합〉 〈니〉 〈다〉 〈!〉를 스케치북에 크게 써서 두 손으로 높이 들어 올리며 흔들었다. 아이들 모습이 멋지다. 3학년은 리코더를 연주하고 4학년은 〈아기 염소〉라는 곡을 부르고 5학년은 준비를 못 했단다. 1학년이 무대에 올라가서 노래를 부르며 무용을 하는데 몸이 불편한 지현이도 마이크를 잡고 춤을 추며 노래를 부른다. 발음이 정확하지 않고 혼자 설 수 없어 친구가 뒤에서 잡아 줘야 하지만 마이크를 잡고 노래 부르는 지현이의 모습은 당당하고 행복해 보였다. 우리 모두 다 같이 행복했다.

4월에는 음악 시간에 비발디의 〈사계〉를 감상했다. 실과 시간에 나무가 되어 보기 수업이 떠올라 같이 해 보자고 했다. 나무가 자라는 과정, 나무와 인간이 친하게 지내는 모습, 나무가 사람들 때문에 불행한 장면들을 〈사계〉의 봄 악장에 맞춰서 무용으로 표현했다. 음악 시간에 두 시간 연습하고 무대에 섰는데도 아주 잘했다. 나무와 사람들이 잘 어울려 지내는 장면보다 나무를 괴롭히는 장면을 더 실감 나게 잘하는 아이들을 보고 2학년 선생님이 귀엽다고 하신다. 기분이 좋다. 우리 반 아이들이 가지고 있는 온갖 장난기를 다 발휘할 수 있는 부분이라 그런지 아주 자연스럽다. 무용이 끝난 후 〈생〉 〈일〉 〈선〉 〈물〉 〈안〉 〈괴〉 〈롭〉 〈히〉 〈기〉를 크게 써서 흔들어 보여 주었다. 동생들에게 좋은 선배가 되고 싶은 우리 아이들의 마음이리라. 3월에 준비를 못 한 학년들도 열심히 준비해서 모든 학년이 다 발표회에 참여했다. 1학년과 2학년은 노래를 부르고 3학년은 리코더 연주를 하고 5학년은 합주를 했다. 4학년은 소녀시대의 〈Gee〉라는 노래에 맞춰 춤을 추었다. 선생님들끼리 대중음악이 무대에 올라가는 것에 대하여 의견을 나누었다. 아이들이 순수하기를 바라는 선생님들의 마음이 느껴진다. 아이들이 하고 싶어 하니까 허락하기로 했다. 신 나서 춤추는 4학년 아이들의 모습은 정말 예뻤다.

전교 어린이 회장과 부회장은 매달 생일인 아이들의 이름을 색종이를 찢어 만들어 큰 색도화지에 붙인다. 축하하는 마음을 나누기 위해 아이들이 많이 드나드는 곳에 걸어 놓는다. 장난꾸러기 우리 반 녀석들이 그 일을 마다하지 않고 열심히 하는 모습이 아름답다. 학교에서는 아이들이 좋아하는 책을 사고 선생님들은 그 책에다 덕담을 적어서 생일 선물로 주었다. 교무 선생님은 교실에서 배운 것을 친구들 앞에서 발표하면서 자신감을 갖고 표현의 즐거움을 맛보길 원하신다며 이런 일을 계획하셨는데 참 잘하신 일 같다. 아이들도 보는 우리도 즐겁다. 서로 열심히 노력한 부분에 감사할 뿐이다. 잘했느니, 못했느니는 아무 의미가 없다. 아이들은 자연스럽게 발표하면 되고 우리는 그것을 즐겁게 보면 된다. 발표회를 준비하는 선생님들도 부담이 없다. 누구에게 보여 주기 위한 것이 아니기 때문이다.

내 잘못을 상태에게 미루려고 했구나

매달 한 번씩 절기에 맞는 행사를 한다. 4월에는 쑥버무리를 해 먹기로 했다. 학교 주변에는 쑥이 아주 많다. 쑥을 캐러 1학년부터 6학년까지 들로 나갔다. 우리 반 아이들 중 다섯 명은 나를 거부한다. 자기들끼리 저 멀리로 슬쩍 빠지더니 쑥은 대충 뜯고 뛰어논다. 내 곁에는 여자아이 두 명이 쑥 캐는 일이 재미있다며 서로 이야기를 나누며 쑥을 뜯는다. 정호와 성우가 옆에 앉고 지형이도 나중에 왔다. 현우에게 쑥을 다듬은 다음에 물로 씻어야 하니까 캔 쑥을 교실로 가지고 오라고 했더니 아이들이 나타나질 않는다. 왜 그런가 하고 찾아가 보니 뭐가 그리 급한지 물에 넣어 버렸다.

"야! 전문가인 내 말을 왜 안 듣는 거야. 깨끗하게 다듬은 다음에 물로 씻으면 금방 끝날 일인데 물속에다 다 넣고 이제 다듬으려니 이게 되니!"

검불과 뿌리를 어쩌지 못하고 고생하고 있는 아이들에게 소리를 질렀다. '힘들지? 이렇게 하면 힘든 거야'라고 좋게 말하지 못한 게 아쉽다. 가끔 나는 아이들을 기다려 주지 못하고 화를 낼 때가 있다. 꼭 그렇게 해야 한다는 어떤 원칙이 내 눈과 마음을 가릴 때다. 내 잣대가 정확하게 있을 때 나는 화를 낸다. 그 잣대가 아무 쓸모없는 것이라고 버리려고 노력했건만 여전히 스멀스멀 기어 나와 나를 당황하게 한다. '물에 넣고 다듬으면 어떤가? 조금 늦으면 또 어때.' 내가 잘할 수 있다는 것을 뽐내고 싶어 하는 마음이 아주 가득해서 아이들 실수를 어루만져 주지 못했다.

쑥버무리를 한 솥 가득 쪄서 아주 맛있게 먹었다. 그다지 맛있을 것 같지 않았던 쑥버무리가 정말 맛있다고 아이들은 또 해 먹자고 한다. 그래서 또 하기로 했다. 상태의 준비물은 소금이었다. 쌀을 빻을 때 혹시 소금이 빠질지도 몰라 준비를 시켰다. 그런데 당일 아침에 상태는 설탕을 가지고 왔다는 것이다. 쌀을 빻을 때 이미 소금이 들어갔으니 설탕을 가져온들 뭐가 어떠리.

"상태야, 그래도 준비물을 잊지 않고 가져오고, 대단한데."

아무 의심 없이 상태가 가지고 온 설탕을 넣고 쑥과 쌀가루를 버무려서 찌려고 간을 보는데 너무 짜다. 먹을 수가 없었다. 아이들에게 조금씩 먹어 보라면서 맛이 어떠냐고 했더니 모두 짜다고 난리다. 왜 그런지 이유를 찾다가 나는 웃기 시작했다. 상태는 소금을 가지고 온 것이다. 마음이 급했는지 상태는 엄마에게 손전화를 한다.

"엄마, 나한테 준 거 설탕이야 소금이야? 뭐라고? 소금이라고?"

상태는 하얀 맛소금이 설탕인 줄 알았던 것이다. 나는 그것도 모르고 다 넣었다. 아이들도 나처럼 웃을 줄 알았다. 그런데 맛있게 먹을 거라 기대했던 먹거리가 없어지자 아이들은 참았던 한마디를 해 버렸다.

"아이고, 상태 때문에……."

"야! 너는 실수 안 해? 너는 뭘 그렇게 잘해서 지랄이야."

울면서 상태가 소리를 지르는데 아차 싶었다.

"소금을 설탕으로 오해하고 집어넣은 내 잘못이 더 크지. 가지고 왔어도 안 넣으면 되는데 내가 다 넣었잖아. 이건 순전히 내 잘못이다. 상태 잘못이 아니지. 정말 미안하다. 내가 왜 그랬는지 모르겠다. 맛있게 먹겠다는 욕심 때문에 나도 제정신이 아니었나 보다."

웃지만 말고 내가 미리 이야기했어야 했다. 상태의 잘못이라는 분위기를 은근슬쩍 그냥 놔두려고 했던 내 잘못이 더 크다.

그래도 웃자

우리 루미큐브하자

양평군 사업으로 양평군에 사는 초등학교 6학년은 4박 5일 동안 영어마을을 무료 체험할 수 있게 되었다. 나도 정호를 따라 모든 과정에 함께 참여했다. 정호는 자신이 해야 할 일을 친절하게 잘 알려 주면 수업에 참여할 수 있지만 이해할 수 없는 일을 해야 할 때면 화를 내기 때문에 늘 옆에서 도와줘야 한다. 아이들과 캠프를 하고 싶었던 나는 좋은 기회라고 생각했다. 4월 초에 캠프 담당자와 전화 통화로 정호 이야기를 하면서 우리 반 남자아이들 일곱 명을 한 방에 넣어 주면 내가 같이 자면서 지도하겠다고 부탁했다. 정호에게는 영어 공부도 중요하지만 아이들과 같이 자고 생활하는 일도 중요하다고 생각했기 때문이다. 담당자는 그렇게 해 보겠다고 대답했는데 막상 가 보니 우리 아이들이 다 따로 방을 쓰게 짜여 있었다. 마음이 안 좋았지만 이들도 어쩔 수 없었을 것이라는 생각에 그냥 따라 주기로 했다. 그래서 하룻밤을 우리끼리 잤다. 그런데 아무리 생각해도 정호가 여기까지 와서 아이들과 생활하지 못하고 나와 단둘이 자야 한다는 것이 억울했다. 담당자에게 우리 방에 정호와 놀 아이 두 명을 배정해 달라고 이야기했다. 그분도 우리 반 아이들과 잘 이야기해서 두 명을 더 데리고 자도 된다고 하셨다. 그런데 문제는 우리 반 아이들이었다.

"선생님, 우리가 왜 가야 하는데요? 지금 우리끼리 재미있는데 왜 우리가 선생님 방으로 가야 하는데요?"

"저희 방에는 세 명이 자는데 우리 둘이 빠지면 용문초등학교 아이가 혼자 자야 해요. 그러기 싫어요."

"나도 심심해. 나도 너희와 재미있게 놀고 싶어. 나는 너희가 나랑 같이 놀았으면 좋겠어. 같이 갈 사람?"

성우가 손을 든다. 지형이가 다른 한 명은 가위바위보로 정하자고 했는데 모두 싫다고 한다. 내가 아이들과 문제를 잘 해결하지 못하니까 생활관 사감 선생님이 나섰다.

"너희 안 되겠네. 나랑 이야기 좀 해야겠는데"라고 하시며 아이들을 데리고 사감실로 들어가셨다. 이런 일이 일어날 줄 알고 있었다. 그래서 미리 전화해서 부탁했는데 일을 이렇게 만든 영어마을 캠프 담당자에게 화가 났다. 속이 부글부글 끓는다. 그러나 나중에 전화해서 확인하지 못한 내 잘못을 생각하니 속이 가라앉는다. 마음을 가라앉히고 있는데 아이들이 밖으로 나온다. 서로 안 하겠다고 해서 방장인 진호에게 가라고 하니까 진호 눈빛이 험악해지고 분위기가 너무 안 좋아서 지형이가 가겠다고 했단다. 나와 정호, 성우와 지형이까지 넷이 우리 방으로 가는데 아이들이 "잘 가"라고 소리를 지른다. 결국, 올 초에 내가 담임이 되면 좋겠다고 한 아이들만 내 곁에 있게 되었다.

"야, 모두 앉아 봐. 내가 루미큐브를 하려고 가지고 왔는데 할 사람이 없잖아. 그래서 같이하려고 우리 방에 가자고 해도 모두 싫다고 난리다. 내가 게임하는 법 다 알아 놨으니까 우리 한판 하자."

"이거 하려고 우리를 불렀구나. 우리 한번 해 봐요, 선생님."

우리 넷은 쉬는 시간마다 모여 앉아서 게임을 했다. 학기 초에 사서 아이들보고 게임하는 방법을 잘 읽고 하는 법을 알아보라고 했는데 아이들은 힘들다고만 했다. 그 어려웠던 게임을 3박 4일 동안 열심히 해서 다 알아냈다. 우리 방에 있던 아이들은 모두 즐거워했다. 정호도 아이들과 놀고, 밥도 같이 먹고, 재미있게 지냈다.

정호는 하루 종일 내 옆에 붙어 있지 않으면 불안한가 보다. 밤에 잠을 자다가도 화장실에 가도 되느냐고 묻는다. 내 그림자처럼 붙어 다닌다. 시간이 지날수록 마음이 불편해지기 시작했다. 캠프가 끝나고 정호를 데리러 온 정호 어머니를 꼭 안아 드렸다. 나는 영어 캠프를 갔다 온 후 일주일을 진이 빠진 채 살았다. 집에 와서 가만히 있어도 괜히 화가 나고 짜증을 내는 나 자신을 잘 관찰해 보니 인정하고 싶지 않지만 정호와 늘 붙어 다니며 그 아이 입장에서 생각하고 같이 행동해야 하는 것이 나에게는 큰 짐이었던 것 같다. 그래서 정호 어머니를 무조건 존경하기로 했다.

1학년 지현이 어머니께서 아이 셋을 돌봄 선생님께 부탁하고 오후 5시 30분까지 일을 하게 되었다. 돌봄 선생님이 여러 아이를 돌봐야 하는데 지현이는 어른들 도움이 많이 필요한 아이라 학교에서는 여러 가지 고민이 많다. 그러나 교사들은 그동안 많이 힘들었던 지현이 어머님이 마음 편하게 자기 일을 할 수 있도록 돕자는 마음이 컸다. 특수반 선생님이 퇴근하기 전까지 지현이를 맡아서 돌봐 주시기로 하셨다. 우리는 지현이 어머니도 존경한다.

울다가 웃기도 잘한다

"선생님! 상태가요, 선생님이 오시니까 '야, 명숙이 온다. 뽀글이 온다' 라고 말했어요."

태현이의 말에 상태를 쳐다보니까 실실 웃고 있다. 교실에 들어와서 달력에 '상태가 명숙이 온다, 뽀글이 온다라고 말한 날' 이라고 적었다.

"얘들아, 상태처럼 내 이름을 막 부르고 놀리는 행동을 뭐라고 하는 거야?"

"'깝 싼다' 고 하는 거예요."

"상태야, 친구나 동생들이 깝 싸면 화내지 말고 나처럼 그냥 가만히 있어야 해."

아무리 하지 말라고 해도 상태는 아이들을 놀리고 도망가거나 자꾸 장난을 친다. 그럴 때마다 아이들에게 너무 화내지 말라고 타일렀다. 그런데 우리 반에서 제일 착하고 스스로 공부하고 마음도 약

그래도 웃자

한 지형이를 몇 달째 괴롭히고 있다. 상태에게는 그러지 말라고 타이르고 지형이한테는 착한 우리가 참자고 위로를 했다. 그날도 상태는 지형이 머리를 툭 때리고 도망갔다. 지형이는 결국 울고 만다.

"지형아, 많이 아프니?"

"아니요."

"그럼 억울해서 우는 거니?"

"예."

지형이에게 미안하다. 지형이는 지긋지긋하고 미치겠단다. 지형이에게 차마 상태를 용서하라는 말을 못하겠다.

"상태야, 너 재미있다고 지형이를 계속 괴롭히는데 안 되겠다. 너는 지형이가 얼마나 힘든지 잘 이해가 안 되지? 너도 네가 제일 싫어하는 일을 해 봐라. 오늘부터 네 핸드폰을 한 달 동안 내가 가지고 있을게. 이리 줘라."

상태는 눈물을 뚝뚝 흘리며 "그냥 쌤 까고 살면 돼요"라고 한다. 지형이를 모르는 사람 취급하며 사는 한이 있어도 핸드폰은 내놓을 수 없단다. 내 마음이 약해진다.

"그럼 각서 한 장 써 줘라."

'지형이를 때리거나 놀리고 도망가거나 지형이 말을 듣지도 않고 자기 생각이 옳다고 우기면 핸드폰을 선생님께 한 달 동안 맡기겠다'는 각서를 순순히 써 준다. 그리고 언제 울었나 싶게 웃으며 밖으로 나간다. 상태가 가지고 있는 좋은 성품이다. 각서를 써 줬다고 상태가 달라지지는 않겠지만 지형이 마음을 달래고 싶었다.

읽기 수업 시간에 웃음이 필요한 까닭을 공부하면서 아이들에게 가장 마음에 드는 문단을 찾아보라고 했다. 네 명이나 되는 아이들이 '그럼에도 불구하고 웃어야 한다'는 내용이 들어 있는 문단이 마음에 든다고 한다.

"선생님! 상태 때문에 속상해서 지금 화병 나기 일보 직전인데 그래도 웃으면 괜찮을 거 같아요. 우리 반에 꼭 맞는 말이에요. 우리 반 급훈으로 정하면 어때요?"라는 성우의 말에 아이들이 모두 맞는 말이라고 한다. 내가 바라는 일이다. '그럼에도 불구하고 웃을 수 있다'는 말을 아주 실감 나게 경험할 수 있게 해 준 우리 반 장난꾸러기들에게 고마운 마음을 갖기로 했다.

지현아! 너 때문에 산에 올라갈 수 있게 되었어

얼마 후 1학년부터 5학년까지 앞산으로 체험학습을 떠난다. 선생님들은 아이들과 어떤 활동을 할지 의논하며 두 번이나 답사를 갔다 왔다. 예를 들면, 구간을 정해 놓고 번호를 붙이는 활동이 있다. '5번과 6번 사이에 소나무 두 그루가 있습니다. 한 뿌리에서 줄기가 두 개 나온 것과 세 개 나온 것을 찾아보세요.' '왼쪽으로 큰

그래도 웃자

철탑이 있고 나무 건너편에는 무덤이 있습니다. 잘 살펴서 찾아보세요.' 이런 문제들을 구역마다 정해 주면 아이들이 찾으며 올라간다. 그늘진 산을 오르면 기분이 참 좋다. 마을과 강과 산이 어우러진 풍경은 나를 행복하게 만든다. 몸이 불편해 잘 못 걷는 1학년 지현이에게도 이 멋진 광경을 보여 주고 싶다. 그래서 지현이를 업고 올라가기로 했는데 생각처럼 쉬운 일은 아닌 것 같다. 6학년인 우리 반 아이들이 서로 도우며 올라가는 방법도 생각해 보았다. 지현이가 생각보다 무겁다고 하니 더 걱정이다. 5학년 총각 선생님이 업고 가신다고 하지만 5학년 아이들도 돌봐야 하니 그것도 쉬운 일은 아닌 것 같다.

산을 내려오는 길에 안내 표시가 되어 있지 않아 선생님 여덟 분과 함께 내려오다가 세 팀으로 나누었다. 아이들도 우리처럼 헤맬 것이다. 그래서 5월 15일 스승의날에 다시 답사를 했다. 스승의날에 꼭 맞는 움직임이다. 그래서 기분이 더 좋았다.

"우리는 수학여행을 갔다 왔기 때문에, 우리 학년만 빼고 모두 앞산으로 체험학습 가는 거 알지? 그날 우리만 수업하기로 되어 있어. 그런데 나는 지현이를 우리 6학년이 조금씩 도우면서 업고 산에 올랐으면 하는데 너희 생각은 어때?"

"업으면 등에다 침을 흘리잖아요?"

"그렇지. 옷은 빨면 되는 거고. 너희가 도전을 해 보겠다면 나도 하고 싶어. 그러나 너희가 싫다면 우리끼리 학교에서 공부하면 되는 거야."

"공부하는 것보다 그게 훨씬 재밌지요. 우리 한번 해 봐요. 번호대로 돌아가면서 조금씩 업고 올라가요."

이야기를 마치고 체육을 하려고 운동장에 나가니까 지현이가 나와 있다. 아이들은 모두 지현이에게 몰려가서 지현이 때문에 산에가게 되었다고 한마디씩 한다. 교실 밖으로 나가기만 하면 내 눈을 피해서 달아나는 우리 반 야생마들이 지현이를 어떻게 업고 산을 오를지 궁금하다. 마음이 설렌다. 정말 흥미로운 일이다.

나는 좋았는데
너희는 힘들었구나

말을 하니까 참 예쁘다

"선생님이 우리 방에서 같이 자는 것은 안 됩니다."

"윗옷을 벗고 있을 수 없어요."

"샤워할 때도 신경이 쓰입니다."

"옷도 마음대로 갈아입을 수가 없습니다."

"여자는 여자끼리, 남자는 남자끼리 자야 합니다."

"그래! 바로 그거야. 주장하는 글을 쓰라고 하면 이렇게 쓰면 되는 거야. 너희의 생각을 자연스럽게 이야기하면 되는 거야."

수학여행에 가서 내가 남자 방에서 자겠다고 하니까 남자아이들이 소리를 지르고 화를 냈다. 현우는 욕을 하면서 하루 종일 피시방에 있는 것이 더 낫겠다며 책으로 책상을 '탁' 친다. 아이들과 며칠 동안 신경전을 벌이다가 타협에 들어갔다. 국어 시간에 주장하는 글을 배우고 있다. 별로 재미있어하지 않던 아이들이 자신들의 생각을 주장해 보라고 했더니 말들을 아주 잘한다.

"정호가 놀라지 않을 정도로만 장난을 치면 너희와 같이 안 잘 거야."

"알았어요. 그 정도는 우리가 할 수 있어요. 걱정하지 마세요."

정호는 친구들이 베개 싸움을 하면 그것이 장난이 아니고 진짜라고 믿는 아이다. 4학년 때 그 일로 크게 놀랐던 정호는 5학년 때는 나와 같이 여자아이들 방에서 잠을 잤다. 이제 정호도 남자아이들과 같이 자기로 했다. 그러면서도 몇 번이고 아이들이 자기를 괴롭히면 어떻게 해야 하는지에 대해 나에게 묻고 또 물으면서 잘할 수 있다고 다짐한다.

아이들을 졸졸 따라다니는 재미

오전 8시 50분 기차를 타고 서울로 수학여행을 갔다. 정호와 나는 양평읍에 사니까 양평역에서 일찍부터 아이들을 기다렸다. 만약에 세월리에서 떠난 아이들이 늦는다면 역장님께 기다려 달라고 떼를 쓸 작정이다.

아이들은 제시간에 왔다. 매일 아이들 통학을 무료 봉사로 책임지고 계신 교회 사모님은 아이들을 역까지 데려다 주신 것도 감사한데 서울에 가서 아이스크림을 사 먹으라고 돈까지 주셨다. 아이들을 생각해 주는 마음이 늘 고맙다.

상태가 차가 오나 안 오나 본다고 철길로 내려갔다 올라와서 나를 놀라게 했다. 철도원 아저씨가 오시자 아이들이 조금 얌전해졌다. 이 녀석들은 마음대로 행동할 것이다. 그러나 나는 아이들을 뒤따라 다니며 최대한 지켜만 보려고 한다. 우리가 가야 할 장소 안내도 아이들이 하기로 했다. 인터넷에서 알아 온 아이도 있고, 물어보면 되는 것을 뭘 알아 오느냐고 하는 아이도 있다. 어려움이 생기면 그것을 아이들이 어떻게 해결할지 궁금하니까 더 재미있다. 기차 안에서 크게 떠들고 뛰어다닐 줄 알았는데 모두 조용히 앉아서 핸드폰 게임을 한다. 수업 시간마다 졸리고 지루하다며 신경질만 내던 진호의 눈빛이 반짝인다. 놀라운 일이다.

"선생님! 인터넷으로 알아봤는데요, 충무로 3번 출구로 나가면 된대요."

"아저씨, 남산 유스호스텔로 가려면 어떻게 가요?"

충무로 3번 출구에 나와서 지형이가 주변에 계신 아저씨께 묻는다. 지형이를 따라가다 길을 잘못 들어서 다시 묻고 오른쪽 골목으로 쭉 올라가니까 서울유스호스텔이라는 표지판이 보인다. 아이들은 보물찾기하듯이 주변을 살피면서 숙소를 찾아냈다. 7층에 있는 식당으로 올라가 싸 온 점심을 먹고 부식들을 냉장고에 넣었다. 아이들은 모든 끼니를 자기들이 만들어서 해결하기로 했다.

가방을 숙소에 두고 빈 몸으로 케이블카를 타고 N서울타워에 올라갔다. 테디베어 전시관에 가서 곰 인형을 보았다. 사회 시간에 조선시대에 대해 배우고 있는데 옛날 모습을 곰 인형으로 꾸며 놓은 걸 보고 아이들이 좋아했다. 궁궐 짓는 모습도 재미있었다. 장난꾸러기 곰 도령이 눈에 띈다. 아이들은 그 도령을 찾는 재미에 이리 뛰고 저리 뛴다. 전망대에 올라가서 서울을 본 아이들의 소감은 먼지가 많아 뿌옇고 건물이 많아서 복잡하다는 것이었다. 집들이 작게 보여 미니 마을 같다고도 했다.

우리 반은 전교생이 다 알고, 마을 주민도 알아주는 야생마들이다. 많은 사람이 수학여행에 나 혼자가 아니라 특수반 선생님도 같이 간다고 하니까 그나마 겨우 안심했다. 남산도서관에 갔더니 우리 아이들을 보자마자 직원들이 걱정하며 떠들지 않도록 지도해 달라고 신신당부했다. 신기하게도 아이들은 그 장소에 맞게 행동했다. 조용히 앉아 책을 읽는 아이들의 모습이 기특했다.

마음이 예쁜 사람들이 참 많다

서울 청소년 창의서밋Summit이라는 축제가 남산예술센터에서 열렸다. 오후 3시까지 예술센터에 도착하기로 했다. 늦을 것 같아 버스를 타고 가는데 태현이가 "박명수다. 무한도전 찍는다"라고 하면서 정류장에서 차가 서니까 내려 버렸다. 아이들이 다 내려서 나도 따라 내렸다. 아이들이 박명수 씨에게 달려갔을 때는 촬영 중이었다. 택시를 타고 사라지는 모습만 봤다. 그래서 30분이나 늦게 공연장에 도착했다. 재량 시간에 아이들에게 영화를 가르치는 감독

나는 좋았는데 너희는 힘들었구나

님이 아이들이 서울 구경을 간다고 하니까 예술센터로 아이들을 만나러 오셨다. 공연하는 사람도, 구경하는 관객도 표정이 밝다. 늦어서 재미있는 공연도 30분밖에 보질 못했다.

공연이 끝나고 우리는 하자센터로 자리를 옮겼다. 길 안내는 영화 감독님이 도와주셨다. 하자센터에 있는 노리단을 찾아갔다. 노리단에서 활동하는 초등학생들이 악기를 연주했다. 우리 열한 명만을 위한 공연이었다. 공연이 끝난 후에는 우리도 악기를 쳤다.

"서울에 와서 무엇을 보았는지 궁금하네요. 그 느낌을 적어 봅시다."

악기를 마구 두드리던 아이들은 글을 적고 친구들이 적은 쪽지를 하나씩 들고 마음에 드는 악기 앞으로 갔다.

"글 내용에 어울리는 소리를 내 주세요."

아이들은 마음을 담아서 악기를 쳤다. 상태가 케이블카를 타면서 무서워했는지 그때 알았다. 늘 장난만 치는 상태가 두려움이 많다는 것을 알게 되니까 그 녀석이 더 매력적으로 느껴졌다. 나는 노리단 공연을 보고 악기를 쳐 보니까 속이 시원하다는 느낌을 소리로 표현했다.

"정말 큰 선물을 받고 갑니다. 저희를 위해서 공연도 보여 주시고 악기를 칠 기회도 주시고 정말 감사합니다."

"선생님이 우리 축제에 맞춰서 수학여행을 오신다고 해서 저희가 모두 감동했어요. 그래서 최선을 다해 잘해 드리고 싶었는데 좋으셨다니 저희도 좋네요."

그 마음 때문이었구나. 내가 감동하여 온 마음이 저런 것이.

"악기 앞에서 주저하지 않는 아이들은 너희들이 처음이다."

거침없는 우리 아이들을 힘들다 안 하시고 건강하다고 칭찬해 주신다.

영화 수업을 지도하시는 감독님이 저녁 8시에 영화 상영이 있는데 오겠느냐고 하셔서 그러마 했다. 명동에 있는 극장을 구경하는 것도 좋을 것이라는 생각을 했다. 기타를 만드는 노동자들이 구조조정을 당한 이야기다. 10년을 넘게 일한 직장에서 쫓겨난 사람들은 자기가 만든 악기가 멋진 소리로 연주되는 것을 듣고 "만들기만 했지, 이 악기가 이렇게 아름다운 소리를 낼지 몰랐어요"라며 우신다. 다시 복직해서 정성껏 기타를 만들고 싶어 하는 사람들의 이야기를 예술인과 노동자의 시각으로 풀어 갔다. 영화를 보는 내내 가슴이 아렸다. 그렇게 멋진 영화를 만든 분이 우리 영화 샘이라니.

"선생님! 아이들이 영화를 이해했을까요?"

"지금은 이해하기 힘들어도 20년 후에 이런 상황을 경험하면서 지금을 떠올릴 수도 있고, 아닐 수도 있고요."

나는 아이들에게 엄마 같은 사람이고 싶다

밤 10시에 택시를 타고 숙소로 돌아오려고 했는데 택시가 우리를 받아 주지 않았다. 명동역으로 걸어가면서 명동성당도 봤다. 11시까지는 들어와야 한다는 말이 떠올랐다. 서둘러서 10시 40분에 도착했다. 그때부터 저녁을 만들었다. 성우가 가져온 라면도 끓이고, 점심때 남은 밥으로 김치볶음밥도 하고 김밥을 계란에 묻혀 프라이팬에 데워 줬다. 11시 30분까지는 끝내야 한다는 부탁을 들었으니 우리는 더 해 먹고 싶어도 더 해 먹을 수 없었다.

남자아이들이 몰려와서 여자 방을 한 바퀴 돌고 다시 돌아간다. 현우는 우리 신발을 신발장에 챙겨 넣어 주고 간다. 아무리 장난을 쳐도 우리 반 여자아이들이 현우를 미워하지 않는 이유다.

여자아이들과 카드놀이를 했다. 원카드를 했는데 연희가 친절하게 잘 가르쳐 주었다. 열심히 배우니까 그것도 참 재미있다. 수현이는 상태가 자꾸 놀려서 전학을 가고 싶다고 한다. 그러면서 운다. 정말 속상하다. 장난꾸러기 우리 반 아이들 욕을 하다가 잤다. 자다 깨다 5시에 일어났다. 아이들은 여전히 시끄럽다. 잠을 안 잔 모양이다. 쓴 돈을 정리하니까 아이들에게 책을 한 권씩 사 줘도 될 것 같다. 김치찌개를 끓이고 간식용으로 가지고 온 식빵도 구웠다.

"꼭 엄마 같다. 여행 와서 밥해 주는 선생님이 어디 있니? 선생님! 저는 수학여행이 이런 건지 정말 몰랐어요. 밤 10시에 명동 거리를 돌아다니고, 밥은 선생님이 하시고, 정말 흥미진진해요."

특수반 선생님은 고마워하셨지만 우리 반 아이들은 잠을 못 자서 입맛이 없는데 밥을 먹으라고 하니까 괴로워한다.

잠을 못 잔 아이들은 신경질만 부릴 것이다

연희가 한옥마을로 가는 법을 알아 왔다. 연희의 안내를 받으면서 한옥마을로 갔다. 성우가 카메라를 숙소에 놓고 왔다고 해서 특수반 선생님과 성우는 숙소로 다시 갔다. 우리끼리 한옥마을로 가는데 현우가 성우는 왜 안 오느냐고 했다. 카메라 때문이라고 하니까 "그 카메라! 성우가 놓고 가기에 제가 가지고 있는데요"라고 한다. 그러면 그때 말하고 성우에게 주지 왜 지금 말하는지 모르겠다.

한옥마을에 도착해서 짚으로 짚신도 만드시고, 그릇도 만들고, 멍석도 만드시는 할아버지에게 새끼 꼬는 법을 배웠다. 현우도 진호도 수현이도 열심히 배우려고 애쓴다. 참 예쁘다. 아이들은 한옥을 쓱 둘러보고 모두 놀이마당으로 흩어졌다. 활을 쏘는 곳에서 싸움이 일어났다. 성우와 현우가 주먹으로 때리며 싸운다.

"이 아이들을 데리고 온 사람 없어요? 누가 말려 주세요. 너희 왜 그러니?"

30대 아주머니가 놀라서 아이들을 말린다. 성우 얼굴에 피가 난다. 힘으로 안 되니까 현우가 얼굴을 할퀸 것이다. 성우는 현우에게 욕을 하며 "왜 나를 향해 화살을 쐈는데?" 이유를 묻는다. 나도 궁금하다. 정말 궁금하다.

"현우야! 성우가 뭐가 그렇게 마음에 안 드니? 뚱뚱한 게 마음에 안 드니? 공부 잘하는 것이 마음에 안 드는 거야? 우리가 고치도록 노력해 볼게. 학교에서도 계속 성우가 말을 하면 끼어들면서 성우를 화나게 하잖아. 뭐가 그렇게 마음에 안 드는지 이야기해 봐."

성우는 운다. 서러워서 운다. 현우는 눈만 껌벅인다. 현우와 친한 태현이는 "선생님, 윷점을 보는데 뭐가 개고 뭐가 걸이에요?"라고 묻고 진호는 발이 아프다며 신경질이고 상태는 "뭐야, 이제 싸움은 끝난 거야?"라고 물으며 별일 아닌 것으로 만들어 버린다. 울고 있던 성우는 "걸은 한 개는 엎어져 있고, 세 개는 뒤집힌 거야"라고 대답한다. 늘 이런 식이다. 진지할 수가 없다. 우울한 마음으로 나오는데 우리 때문에 놀랐던 아주머니를 만났다.

"죄송합니다. 남자아이들이라 거칠게 싸우네요. 놀라셨죠? 제가 담임입니다. 죄송합니다."

"저는 작은 아이가 심하게 맞는 줄 알았는데 얼굴을 보니까 덩치가 큰 아이가 더 다쳤네요. 저도 남자아이들만 키우고 있어서 다 이해해요. 선생님이 힘드시겠네요."

영풍문고에서 책도 사고 점심도 먹었다. 지형이는 역사책을 사고 태현이와 진호는 차에 관한 잡지를 사서 열심히 읽는다. 성우는 만화로 된 수학 공부 책을 샀다. 수현이는 책 대신 귀걸이를 사고 싶어 했지만 책을 샀다. 현우는 1학기 총정리를 샀다. 공부 시간에 제일 집중을 못 하는 현우. 잘하고 싶은 것이 공부이면서 어려운 문제를 만나면 금방 흥미를 잃고 마는 아이. 하고 싶은 일을 실천으로 옮길 수 있는 힘을 키워 주고 싶다.

서대문 자연사박물관이 어딘지 현우가 주변을 둘러보며 찾는다. 그러지 말고 아저씨에게 물어보라고 해도 주변을 열심히 두리번거리더니 서대문 자연사박물관이라는 표지판을 찾아냈다. 믿음이 간다. 박물관에 가자마자 아이들은 긴 미끄럼틀에 달려가서 그것부터 타자고 한다. 여행을 갔다 오고도 어디를 갔다 왔는지도 모르는 아이들이 4학년 때 갔던 곳이라고 기억하는 유일한 곳이었다. 그리고 또 오고 싶어서 왔다.

입장료는 아이들보고 끊으라고 했다. 용돈을 가지고 와서 내 눈을 피해 군것질을 열심히 하던 아이들은 돈을 내는 거면 안 들어가고 싶단다. 입장료 1,000원이 아깝다니 어이가 없다. 공룡관도 멋지고 박제로 된 동물들도 많아서 볼 것이 많은데 잠을 못 잔 아이들은 다리가 아파 죽겠다며 울상이다.

21년 만에 해 보고 싶었던 일을 했다

오후 4시 기차를 타기 위해 3시부터 움직였는데도 청량리에 3시

50분에 도착했다. 아이들과 열심히 뛰었다. 갈 때는 열한 명이 갔는데 내려올 때는 여덟 명이 탔다. 연희는 이모네 가고 성우와 수현이는 엄마네 집으로 갔다.

이번 수학여행은 정말 재미있었다. 작년까지는 4, 5, 6학년이 같이 갔다. 차 한 대를 빌리려면 삼십 명은 같이 가야 하기 때문이다. 아이들은 자기들끼리만 여행을 가고 싶어 했다. 그래서 3월부터 우리끼리의 여행을 계획했다. 우리가 계획하고 그것을 실천으로 옮겨서 좋았다. 마음대로 행동할 것 같았던 아이들이 그러지 않았다는 것이 나는 더 좋았다. 그런데 아이들은 지하철을 여섯 번이나 갈아타느라고 발바닥이 아파 죽겠다고 한다. 작년보다 재미도 없었고 힘들기만 했단다. 작년에는 버스를 타고 가서 다리는 아프지 않았단다.

작년까지의 여행은 선생님들이 계획을 짜서 아이들에게 뭔가 알려 주겠다는 신념으로 아이들을 끌고 다녔다. 듣지도 않고 장난만 치는 아이들은 어디를 갔다 왔는지도 잘 모른다. 오로지 숙소에서 저희끼리 모여 노는 것이 가장 큰 관심사였다. 학교에서 가까운 콘도를 빌리는 것이 가장 좋겠다는 생각이 들 정도였다. 그런데 이번 여행은 내가 따라다녔다. 화날 일도 없고 답답할 일도 없었다. 아이들이 싸우거나 혼난 일은 예상했던 일이기 때문에 화날 일도 아니다.

녀석들도 나를 마음대로 끌고 다녀서 좋았을 것이다. 다리 아픈 거 빼고는 다 좋았으면서 괜히 짜증이다.

욕을 먹는 것보다
욕을 하는
너희가 걱정이다

늘 있는 일인데 올해는 억울하다

"그렇게 흥분하려면 하지 마."

"왜 못해. 시발년."

"방금 나 욕먹었는데, 너희는 이 문제를 어떻게 해결해야 한다고 생각하니?"

"그냥 하게 해 주세요."

"다른 사람들은 어떻게 생각해?"

"저도 상태와 같아요. 열심히 연습했는데 하게 해 주세요."

내가 욕을 먹었다. 현우는 욕을 하고는 화를 내면서 교실에 있는 배구공을 문쪽으로 차서 공포 분위기를 만들었다. 작은 발표회 때 우리 반은 〈에델바이스〉를 리코더로 연주하기로 했다. 남자아이들은 개그콘서트 한 꼭지를 연습하고 있었다. 선생님들끼리는 될 수 있으면 수업 시간에 했던 것을 발표하기로 했다. 그런데 아이들은 텔레비전에서 본 것이 재미있다며 하려고 했다. 주장과 근거가 분명하게 드러나게 이야기하는 아이들에게 내가 밀렸다. 그래서 두 가지 다 하기로 했는데 연습하면서 놀리고 도망가며 장난을 쳐서

86

그렇게 하려면 하지 말라고 했더니 욕을 한다.

"좋아. 너희가 현우를 화나게 만든 것이 나라고 하니까 내가 용서하고, 연습하던 것을 하게 하라고 하니까 그렇게 할게. 대신 너희도 나처럼 친구를 용서해야 해."

점심을 먹는데 아이들이 뭘 물어도 대답이 안 나온다. 작년에는 이런 일이 있어도 욕을 하지 않았던 아이였는데 올해는 욕을 하니까 억울하다. 믿었던 도끼에 발등이 찍힌 기분이다. 현우는 점심을 먹으러 내려간 식당에서도 멍하게 앉아 있다. 발표회가 끝나고 5학년과 발야구를 하기 위해 준비를 했다. "누가 라인을 그릴 거야" 했더니 현우가 혼자 손을 든다. 많이 미안했던 모양이다. 선생님들은 6학년들이 장난치지 않고 진지하게 잘했다고 칭찬이시다.

다음 날, 아이들보고 어제 있었던 일을 일기에 쓰라고 했다. 성우는 열심히 연습했는데 하지 말라고 해서 자신도 화가 났었다고 한다. 그런데 현우가 욕을 해서 속이 시원했다고 썼다. 진호는 자기는 속으로 현우보다 더 심한 욕을 했다고 한다. 속마음을 속이지 않아 다행이다.

이제 아이들은 욕을 더 많이 할 것이다

내가 맡은 반은 다 이쯤 되면 이런 일이 벌어진다.

욕을 먹는 것보다 욕을 하는 너희가 걱정이다

"시발년!" "입 닥쳐!" "시발 지랄이야!" 6학년 담임을 하면서 내가 들었던 욕이다. 더 심한 욕을 무수히 많이 했을 테지만 내가 들은 욕은 이 정도다. 누가 선생님께 욕을 하고 싶을까? 20년 후에 이 일이 떠오를 때면 얼마나 괴로울까? 욕하는 아이의 마음은 온통 화로 가득 차 있다. 화를 참지 못하고 욕을 한 아이들이 나는 더 걱정이다. 선생님에게 욕을 했는데도 용서를 받은 아이들은 욕을 달고 다닌다.

"다했다. 개새끼들아!" "시발 왜 때려!" "아! 시발 연필 없어." "나는 다했다. 시발놈들아!" "존나 지랄이야." "시발 존나 의심하고 지랄이야." "졸라." "닥쳐!"

교실에서 수업하다가도 욕을 하며 싸운다. 5학년 때는 이렇게 막나가진 않았다. 똑같은 아이들인데 6학년은 참 다르다. 욕하고 화내고 짜증 내는 아이들과 함께 있으면 힘들다. 억울해서 우는 아이, 욕을 하며 싸우는 아이들을 어찌지 못하는 내가 무능하다는 생각도 든다.

"지금부터 화내고 싸웠던 시간만큼 노는 시간에도 더 공부하겠습니다."

"야, 시발 새끼들아! 너희 때문에 노는 시간까지 공부해야 하잖아."

"개새끼야! 너는 안 떠들었냐. 너나 잘해."

수학 시간에는 진호와 현우 사이에 앉아서 모른다고 할 때마다

7월 이야기

설명해 주었다. 아이들은 문제를 풀다가도 싸운다.

"병신아, 이것도 못 푸냐?"

"웃기지 마. 내가 너보다 더 잘 풀어, 개새끼야."

"건들지 말라고, 왜 자꾸 건들고 난리야."

"너희 이렇게 계속 떠들면 수학익힘책은 집에서 숙제로 하고 우리 진도 나가자."

"야! 조용히 하라고. 너희 때문에 숙제가 생기잖아."

"병신아! 하면 되지, 뭐가 문제야. 너나 잘해."

"성우야! 선생님이 참을게. 아이들과 싸우지 말고 너는 네 문제나 풀자. 숙제로 안 낼게."

"왜 그 아이 먼저 가르쳐 주세요? 내가 먼저 왔는데. 정말 짜증 나."

푸는 방법을 설명하면 친구와 장난하느라고 듣지도 않는다. 정말 마음이 상하는데 화내지 않고 문제를 알려 주고 풀어 보자고 했다. 화가 슬슬 올라온다. 이 고비를 잘 넘겨 준 나 자신이 자랑스럽다. 사실 나는 이 맛에 6학년을 한다. 화내지 않고 슬쩍 넘길 수 있도록 훈련시켜 주는 좋은 선생님들이 6학년이기 때문이다.

2주에 한 번씩 학교에 오셔서 문화예술 교육에 대하여 교사들과 함께 마음을 나누는 교수님이 계시다.

"대학생들은 욕을 잘 안 해요. 우아하게 보이고 싶은데 그것을 깨고 욕을 하는 사람은 없습니다. 그 아이들도 초·중·고 다니는

　　　　　욕을 먹는 것보다 욕을 하는 너희가 걱정이다

동안 욕을 많이 했을 것입니다. 그러나 지금은 욕하는 소리를 들을 수 없습니다."

그렇게 말씀해 주셔서 마음이 놓인다. 내가 기다려 주면 우리 아이들도 커서는 욕을 안 할 것이라는 내 믿음에 확신이 서기 때문이다. 그런데 그 욕에는 좋지 않은 기운이 있어서 견뎌 내기 힘들 때가 있다. 욕으로 그 아이들을 제압하고 싶은 마음이 나에게도 있다. 나도 욕을 잘할 수 있다. 욕을 하고 싶다. 그 재미있는 욕을.

왜 나만 갖고 그래

토요일이다. 이날은 일찍 끝나는 대신 배가 고픈 날이다. 그래서 아이들에게 떡볶이를 만들어 주려고 준비를 해 왔다. 1교시는 컴퓨터 한글 타자 인증 시험을 보았다. 6학년은 300타를 목표로 연습해야 하는데 아이들이 열심히 연습을 안 했다.

"뭐야, 병신 같아. 왜 다른 글씨가 나오고 지랄이야. 스페이스 바를 누르면 왜 두 칸씩 가고 난리야. 정말 짜증 나."

현우와 진호는 한 시간 내내 짜증을 내더니 결국 컴퓨터를 때리고 책상을 두드리며 화풀이를 한다.

"시간 다 되었으니까 그만 올라가자."

화가 난 아이에게 아무 말도 할 수 없어서 조용히 올라왔다. 2교시 때는 풍물 연주를 했다. 특기적성 시간에 배운 것을 기억하고 잘 친다. 컴퓨터 때문에 화난 마음을 풍물을 치면서 풀어내길 바랐다. 생일잔치 때 공연할 무용을 연습하자고 해서 무용 연습을 했다. 키도 크고 몸집도 있는 수현이가 움직일 때마다 아이들이 "땅 꺼지겠다. 지진이 일어난다!"라고 놀렸단다. 슬쩍슬쩍 부딪칠 때마다 놀렸나 보다. 나는 눈치채지 못했다. 수현이 얼굴빛이 좋지 않다. 쉬는 시간에도 남자아이들 네 명이 수현이를 쫓아다니며 놀렸다고 한다. 3교시 때는 수학을 했다. 수학 문제를 설명하는데 아이들이 늦게 들어와서는 왜 다른 아이들 먼저 가르치느냐고 시비다. 현우는 1교시 때 일로 난 화가 아직도 풀리지 않았는지 공부하는 아이들을 상대로 시비를 건다. 수현이는 수학익힘책을 푸는 내내 코를 훌쩍인다. '이따가 불러서 위로해 줘야겠다'라는 생각만 했다. 3교시 끝나고 쉬는 시간에 수현이 얼굴에 진호가 손가락을 돌리며 서 있는 모습이 보였다.

"진호야! 그러지 마!"

진호는 "시발, 왜 나만 갖고 난리야"라며 화를 낸다. 그때 정호 어머니께서 빵을 사 가지고 오셨다. 방학을 앞두고 아이들을 모두 집으로 초대하려고 했는데 정호가 '학교에서도 아이들 때문에 힘든데 집에서까지 힘들고 싶지 않다'고 해서 초대를 못 했다고 하신다. 마음이 안 좋다. 그때 문이 부서지는 소리가 들렸다. 진호가 야

욕을 먹는 것보다 욕을 하는 너희가 걱정이다

구공을 교실 문에 던져서 받기를 하고 있다. 손을 내밀며 공을 달라고 하니까 공을 나에게 던지면서 "시발, 왜 나한테만 그러냐?" 하고 화내며 의자에 앉는다.

소리를 질렀다. 화를 냈다

내 소리는 크고 우렁차다. 소리를 지르면 교실이 울릴 정도다. 딸아이 말대로 착한 척하느라고 그동안 소리를 잘 지르지 않아서 그런가? 늙었나? 소리가 내 마음에 들지 않는다. 기를 쓰고 질러도 예전 같지가 않다.

"1교시부터 컴퓨터를 때리며 화내는데도 나는 가만히 있었어. 화가 가라앉을 때까지 기다리는 중이야. 수현이가 우는데도 왜 그러느냐고 묻지도 못했다. 하지 말라고 매일 말해도 듣지 않으니까 가만히 있었어. 내가 수현이 담임인데 수현이한테 해 주는 것이 뭐가 있어? 내가 미안해서 죽을 지경이야. 우는 아이 얼굴에다 손가락을 돌리고 있는 것을 내가 봤어. 그래서 하지 말라고 했는데 그게 뭐가 그렇게 잘못이야. 그럼 내가 할 수 있는 일이 뭐야. 말해 봐."

잘못을 지적하면 실실 웃던 아이들이 웬일로 조용하다.

"지금 떡볶이 만들어 먹어야 하는데 이런 기분으로 만들기도 어렵지만 만든다고 먹기나 하겠니?"

"먹을 건데요."

이 말에 화가 풀리는 것은 또 무슨 일인지 모르겠다. 거기다 진호는 아무렇지도 않은 얼굴로 자기는 짠 거 먹으면 안 되니까 짜지 않게 만들어 달란다.

"선생님이 떡볶이 만드는 동안 일기장 꺼내서 일기를 씁니다. 제목은 '선생님이 화를 내셨다'. 지금 있었던 일을 그대로 쓰고 앞으로 이 문제를 어떻게 하면 좋을지 해결 방안도 쓰세요."

아이들은 조용히 일기를 쓴다. 진호는 '선생님이 화난 것은 자기 때문이며 놀리지 않도록 노력할 것'이란다. 화내지 말고 이 문제를 어떻게 해결할 것인지 조근조근 이야기했더라면 더 좋았을 텐데 하는 아쉬움이 있다. 진호는 울고 있는 수현이가 마음에 걸려서 위로한답시고 한 행동인데 그것을 놀리는 것이라고 문제 삼으니까 화가 났나 보다. 우리는 웃으면서 음식을 나눠 먹었다.

나도 내 수업 시간을 지키고 싶다

"우리 반은 교실이 아닙니다. 싸움터지. 나는 조용하게 수업을 하고 싶습니다. 여러분이 예상한 그대로 혼내지도 때리지도 않을 겁니다. 그러니 문제가 해결되지 않겠지요? 그래서 부모님들과 성의를 해 보려고 합니다. 내 힘으로 안 되는 일이니까 그럴 수밖에 없습니다. 자, 여러분은 어떻게 생각하는지 말해 주세요."

"제가 수업 시간에 화내고 소리 지르면 쉬는 시간에 5분 동안 가만히 앉아 있는 벌을 받겠습니다."

성우를 시작으로 우리 반 아이들은 수업 시간에 시끄럽게 하거나 욕을 하면 쉬는 시간을 2, 3, 4, 5분씩 포기하겠다는 약속을 했다. 며칠은 조심하는 눈치다. 그러나 수학 문제가 어려워지면 판도라 상자를 열어 놓은 것처럼 걷잡을 수가 없다. 기다리는 것 외에 방법이 없다고 생각했지만 피해를 보는 아이들에게 너무 미안하다.

"상태야, 마음이 안 잡히지? 한 대 맞고 하자. 마음이 잡히지 않을 때는 매를 맞는 것도 괜찮은 방법이야. 네 어머님께도 이야기했다. 부탁해도 안 들으면 손바닥 한 대씩 때리겠다고."

차렷. 경례. 서로 인사하고 손바닥을 북채로 한 대 때렸다.

'상태야, 미안하다. 네 마음을 네가 어쩌지 못하니까 몸이 느끼게 해 줄 수밖에 없구나. 미안하다.'

이 아이들을 맡고 1년 반 만에 매를 들었다. 마음이 편하지가 않다. 미안할 뿐이다.

어느 학교나 6학년은 다 만만치가 않다

여름방학이 가까워지면 아이들은 내 말을 더 안 듣는다. 먼저 있던 학교에서는 내 눈에서 눈물이 주르륵 떨어지는 것을 보고 아이들이 조용히 했던 기억이 난다. 사십 명 가까이 되는 아이들이 방학을 앞두고 흥분을 해서 함부로 행동하는데 나는 아무 말도 못 하고 울었다. 이야기하다가 너무 억울해서 울었던 것밖에는 기억이 없다. 3년 전 일인데 그때의 일이 자세하게 기억나지 않는다. 늘 이맘때와 9, 10월이 가장 힘들었다. 작년에 그러지 않았던 아이들이 올해 더 거칠어진 것을 보면 우리나라 교육과정에 문제가 있다. 초등학교 교육을 받고 자란 최고 학년, 6학년. 무엇이 문제라서 아이들의 마음을 저토록 거칠게 만든 것일까? 교사들은 학교에서 자신을 돌아보고 친구에게 감사하며 성장에 도움을 준 분들에게 고마워할 줄 아는 마음을 가질 수 있도록 교육을 했다고 생각한다. 그런데 아이들은 전혀 다른 모습을 보여 주고 있다.

나에게 잘못을 많이 한 아이일수록 길거리에서 만나면 반갑게 인사를 한다. 졸업 후에 찾아와서는 기다려 줘서 고맙다는 말을 한다. 그런 아이들을 보면서 내 교육 방법이 괜찮았다는 생각을 했다. 6학년 아이들이 어렵다는 선생님을 만나면 내 경험을 자랑처럼 이야기했다. 그리고 왜 아이들 마음을 몰라 주느냐고 비아냥거리기도 했다. 그런데 나는 힘들어서 괴롭다고 난리 치는 아이들에게 기다려 주는 것 외에 아무것도 한 일이 없었다. 그 사실을 깨닫게 해 준 아이가 있다.

스물여섯 살. 장난이 아주 심했던 그 아이는 자살을 했다.

"선생님, 3학년 때부터 6학년 때까지 선생님이 담임이셨으니까 제가 잘못되면 다 선생님 탓이에요."

재작년에 그 녀석이 그렇게 말할 때 나는 웃었다. 그 아이가 멋지게 자라리라는 것을 한순간도 의심한 적이 없기 때문이다. 그 아이는 체구가 작았는데도 아이들에게 밀리지 않았다. 맞으면 돌멩이를 들고 따라다니던 아이였다. 우리 반 아이들은 장난이 심한 그 아이 때문에 많이 힘들어했다. 나는 아이들이 훔쳐 온 물건을 들고 슈퍼 아주머니께 사과하러 다녔다. 학교에서 풍물 수련을 하고 샤워를 하면 여자아이들을 훔쳐보고 도망가고, 친구들과 산에 가서 비비탄으로 총싸움하다가 눈에 맞아서 한바탕 큰 소동도 일어났다. 자기 안에 있는 장난기를 그렇게 풀어내면 커서 잘 살 줄 알았다. 술만 먹으면 술주정이 장난이 아니라고 했을 때 이상하다는 생각을 했다. 맨정신일 때 하고 싶은 대로 다 하는 아이가 왜 술을 먹으면 더 엉망인지 궁금했지만 대학 생활도 열심히 하고 군 복무도 잘 한다고 좋아하시던 그 아이 어머니의 이야기를 들으며 '이제 철이 드는 거'라며 좋아했다. 그런데 그 아이가 며칠 전에 우리를 두고 떠났다. 내가 더 많이 살피지 못한 것들만 떠오른다. 초등학교 시절을 거의 나와 함께했다. 그 추억들조차 그 아이가 살아갈 수 있는 힘이 되어 주지 못했다는 사실이 나를 힘들게 했다. 내 교육

7월 이야기

방법이 좋다는 이야기를 이제는 누구에게도 할 수가 없게 되었다. 기다려 주는 것뿐만이 아니라 그 아이의 아픔을 읽어 주고 적절한 치료까지 이끌어 주어야 했던 것이다.

무슨 치료를 어떻게 해야 할까?

현우 아버지와 통화를 했다.

"현우가 많이 힘든가 봐요. 오늘은 타자 인증 시험을 보는데 자기 뜻대로 안 된다고 화를 내면서 컴퓨터를 마구 때렸습니다. 힘드시더라도 아버님께서 더 많이 웃어 주시고 안아 주시면 좋겠어요."

부인 없이 아들 둘을 키우고 있는 현우 아버지와 이야기를 나누면 마음이 아프다.

"제가 이야기를 하려고 해도 아이들이 마음을 열지 않아요. 저는 그냥 혼내기만 하는 사람입니다. 저에게 바라는 것은 돈밖에 없는 거 같아요. 저도 아버지께 혼나면 엄마에게 떼를 쓰며 위로를 받기도 했는데 현우는 엄마가 없어서 화가 더 많은가 봐요. 저도 아이들에게 다정다감한 아버지는 못 됩니다. 제 앞에서 함부로 행동하는 꼴을 제가 못 보거든요."

현우 아버지도 열심히 잘하고 싶은데 아이들과 마음이 점점 멀어지는 것 같아 마음이 아프다고 하신다.

욕을 먹는 것보다 욕을 하는 너희가 걱정이다

상태 어머니는 방학 동안 상태가 예절 교육이라도 받았으면 좋겠다며 나에게 수련 장소를 알아봐 달라고 하신다. 이곳저곳을 알아보다가 정토회에서 하는 어린이 수련회를 신청하려고 담당자에게 전화했더니 그 담당자가 거침없이 말한다.

"아니, 그러면 선생님도 같이 오셔야죠. 아이들만 보내지 마시고 선생님도 오셔요."

"제가 방학 동안 위빠사나 마음 수련으로 11일간 집을 비워야 하기 때문에 바빠서 힘든데요."

"그러셔도 선생님이 먼저 마음을 내셔야 합니다."

당황스러웠지만 그 방법이 좋을 듯해서 그러기로 했다. 내 이름을 묻기에 대답해 줬더니 대뜸 반색한다.

"명숙아, 나 태순이야."

"뭐야, 너는 처음부터 난 줄 알았던 거야?"

고등학교 졸업하고 한 번 정도 만났던가? 까마득히 잊고 있던 고등학교 때 내 친구다. 30년 가까이 만나 보질 못했다. 마음이 너그러웠던 그 친구를 만날 수 있다니 마냥 기쁘다. 어른들은 미리 모여서 수련회 준비를 해야 한다고 해서 먼저 가야 한다. 현우와 상태를 데리고 하루 일찍 가기로 했다. 딸과 남편에게 이야기했더니 당연히 가야 한다는 분위기다. 우리는 4박 5일 동안 또 다른 비밀을 간직하게 되었다. 많이 예뻐하고 안아 주고 싶은데 아이들은 가까이 오지도 못하게 한다. 같이 간다고 했더니 싫어하는 눈치는 아니다. 캠프 한 번으로 무엇을 할 수 있겠는가? 하지만 새로운 경험들이 아이들 마음을 조금 달래 주었으면 좋겠다.

마음 닦는 일은
하면 할수록
내게 기쁨을 준다

힘든 곳에 데리고 와서 정말 미안해

아침에 108배를 하고 공양 시간에는 침묵을 지켜야 한다. 그리고 밥을 먹고 난 그릇은 깨끗하게 닦은 후에 그 물을 마셔야 한다.

"상태야, 미안해. 이렇게 힘든 곳에 데리고 와서 정말 미안해."

"힘들지 않은데요. 그냥 재미있는데요."

상태는 여전히 하고 싶은 대로 행동한다. 툭툭 치며 장난을 건다. 상태의 장난을 아무 감정 없이 재미있는 장난으로 받아 주고 웃어 주는 팔십 명의 아이들이 고마웠다. 상태는 묵언을 해야 하는 시간에도 아무 생각 없이 말을 해서 주변 사람들의 눈총을 받기도 했다. 그래도 떠든다. 현우는 우울해 보였다. 복도에서는 수련 내내 묵언을 해야 한다. 내가 복도에 서서 조용히 하자고 가만히 서 있으면 현우는 내 옆에서부터 크게 떠들며 지나간다. 팔십 명이 여덟 모둠으로 나눠서 활동했다. 교사가 여덟 분이고 교사를 도와주는 분이 여덟 분이다. 부엌에서 밥을 해 주시는 분도 여덟 분 정도 된다. 정토 어린이 수련회는 학부모님들이 부엌일과 교사 일을 나눠서 맡아 하신다. 학교 교사가 수련회 교사를 맡는 경우는 별로

8월 이야기

없고 모두 학부모님들이시다. 아이들을 저녁 9시 30분에 재우고 10시부터 교사 회의를 해서 새벽 2시에 끝난다. 아이들과 만나면서 생겼던 문제를 어떻게 해결해야 할지 마음을 나누다 보면 시간이 훌쩍 지나간다. 연극을 할 때 무대 위에 올라가지 못하는 수줍은 아이를 보고 자신의 어린 시절을 떠올리며 우시는 3모둠 선생님을 보면서 참 예쁘다는 생각을 했다. 아이도 선생님도 이번 수련이 끝나면 마음이 많이 클 것이다. 새벽 2시에 자서 5시에 일어나 어른들 모두가 108배를 하면서 하루를 시작한다. 아이들이 108배 할 때도 같이 한다. 216배를 해서 다리가 아플 줄 알았는데 그렇지도 않았다. 매일 밤 10시에 자서 새벽 5시에 일어나던 내가 하루에 3시간만 자고 잘 해낼 수 있을지 걱정이었는데 아무 문제없이 잘 해냈다. 마음이 고요하다.

행복한 내가 되어 당당하게 살겠습니다

"제일 불행했을 때 제 마음은 슬펐습니다. 왜냐하면 화내지 않고 아이들을 지도하려고 했는데 화를 내서 슬펐습니다."

"류명숙 선생님은 슬프셨군요. 제일 불행했을 때 저는 우울했습니다. 왜냐하면 저는 왕따를 당했기 때문입니다."

"내가 그럴 줄 알았어."

"왕따, 하하하. 지금도 너는 너무 과격해."

"지혜가 '류명숙 선생님은 슬프셨군요'라고 했을 때 내 마음이 참 좋았어. 나를 이해하는 사람이 있다니까 기분이 좋더라. 우리는 지금 그 마음을 경험하려고 마음 나누기를 하는데 너희는 다인이를 비웃고 있지? 다인아! 기분이 어떠니?"

"정말 당황스러워요."

남자아이들은 마음을 나누는 일이 힘든 모양이다. 진지하게 잘 해 보려고 애를 써도 장난을 치려는 아이들 마음을 잡기가 힘들다.

이번 수련회 주제는 '행복한 내가 되어 당당하게 살겠습니다'이다. 자신을 객관적으로 볼 수 있는 마음을 키워 주기 위한 훈련으로 마음 나누기도 하고 전지에 친구들 몸을 눕혀 놓고 테두리를 그린 다음 그 안에 긍정적인 마음을 글로 전하기도 했다. 색종이 연꽃잎에 자기 자신이 잘하는 것을 적어서 촛불과 함께 물 위에 띄우는 일도 했다. 역할극도 하고 여러 가지 놀이도 하며 신이 나게 놀다가 공양 시간이 되면 모두 조용히 앉아서 밥을 먹었다. 그릇을 깨끗이 닦아 먹는 아이들을 보니 어려운 일을 잘 해내는 모습이 참 기특했다.

"엄마는 100점이 아닌 것은 잘한 것도 아니라고 하셨어요"

우리 모둠 이름은 '511행복폭탄'이다. 모둠원 열 명 중에 5학년인데도 자신의 생각을 말하는 것을 아주 어려워하는 아이가 있었다. 마지막 날 아침, 경주 안압지 주변에 있는 연꽃을 구경하면서 그 아이와 이야기를 나눴다. "부모님 중 어느 분이 더 무서우시니?"라고 했더니 엄마라고 한다. 수학경시대회에 나가서 92점을 맞아 상을 받았는데도 엄마는 100점이 아닌 것은 잘한 것도 아니라고 하셨단다. 아이의 어머니께서 부엌일 봉사를 하셔서 그분을 만났다.

"아이가 많이 느려서 힘드시죠?"

"아니, 별로 힘든 건 없어요. 그래도 아이들을 어떻게 키워야 할지 잘 모르겠어요. 아이가 방심하고 나태해질까 봐 90점을 받아 와도 100점이 아닌 것은 잘한 것도 아니라고 했어요."

"어머님, 마음 나누기를 하는데 광준이는 자신의 생각을 말하는 것을 힘들어합니다. 5분 정도 기다려 주면서 이런 이야기 저런 이야기를 하면 자신의 생각을 이야기합니다. 한 반에 30명 넘는 아이들과 생활하는 선생님들은 한 아이에게 그렇게 많은 시간을 줄 수가 없습니다. 그래서 광준이는 상처를 많이 받을 거예요. 빨리 대답하지 못하니까요. 밖에서 힘든 아이를 부모님께서 따뜻하게 위로하고 격려해 주시면 얼마나 좋을까 하는 생각으로 부탁합니다. 제가 지켜보니까 마음이 참 너그럽더라구요. 저는 착하게 태어나서 착하게 살 수 있다는 것은 큰 행운이라고 생각합니다. 저는 제가 좀 더 착했으면 좋겠어요. 집 밖에서는 모든 것이 빠르게 진행

마음 닦는 일은 하면 할수록 내게 기쁨을 준다

되니까 광준이는 힘들 거예요. 자신이 가지고 있는 섬세함과 너그러움의 가치를 알기도 전에 느리다고 혼나니까요. 부모님께서 괜찮다고 위로해 주시면 좋겠어요."

'아이가 너무 여리고 약해서 걱정되지만 선생님 이야기를 들으니까 마음이 편해졌다'는 그분이 참 고맙다.

어려움을 잘 이겨 내 줘서 고마워

108배와 조용히 밥 먹기, 먹은 밥그릇을 물로 깨끗하게 닦아 마시기 등 아이들에게 힘든 일을 시키면서 어른들은 아이들을 살핀다. 최선을 다해서 이 어려운 일을 잘 이겨 내길 바라는 간절한 마음으로 아이들과 함께 행동하는 모든 분들의 움직임은 아름다웠다. 수련이 끝나고 모두 돌아가며 안아 주고 헤어지는데 안기는 일을 못하는 아이들이 열 명 정도 되었다. 마음이 짠하다. 내 친구 아들을 안아 주는 순간 눈물이 펑펑 쏟아진다. 내가 우니까 그 녀석도 따라 운다.

"내 친구 아들이 이렇게 멋지게 컸구나."

10년 전에 남편과 사별하고 혼자서 아이 둘을 키웠을 내 친구를 생각하니 눈물이 멈추질 않는다. 나와 같이 울어 준 친구 아들이 고마울 뿐이다.

수련원에서 오후 2시에 출발해서 저녁 8시에 서울 서초동에 도착

8월 이야기

했다. 늦은 시각에 어떻게 양평까지 가느냐고 걱정하는 마음들이 고마웠다. 상태와 현우는 우리 모둠이 아니었다. 나는 그 아이들을 옆에서 지켜볼 뿐이었다. 캠프가 끝난 지금의 마음이 어떠냐고 물었다.

"재미있었어요. 그런데 아이들이 이상해요. 장난을 치면 화를 내는 게 아니고 웃어요. 정말 신기한 아이들이에요."

"때려도 짜증을 안 내요. 웃으면서 같이 놀아요."

1학년 때부터 지금까지 같이 붙어 있는 우리 반 아홉 명은 상태의 장난을 귀찮아했는데 그 아이들은 친하게 지내자는 표현으로 받아들였다. 상태는 자기 모둠 친구들에게 재미있고 좋은 사람이라는 칭찬 글을 많이 받았다. 현우는 그 친구들이 내년에 또 모인다면 꼭 참석하고 싶단다. 국철을 타고 국수역까지 왔다. 남편이 국수역까지 우리를 데리러 나와 주었다. 아이들을 집까지 데려다 주면서 나는 남편에게 현우와 상태가 얼마나 멋있었는지 자랑하느라고 한참을 떠들었다. 일정에 맞게 잘 따라 준 것도 고맙고 상태가 자기 자신에 대해 긍정적인 모습을 찾은 것도 좋았다. 그곳에 모여 있는 아이들이 상태나 현우 때문에 괴로워하지 않아서 좋았다.

자존감 키우기 캠프

"지현이가 오줌을 눈다고 하더니 똥을 눈 거예요. 정말 웃겼어요. 길옆에 앉혀 놓았더니 똥을 누는 거예요."

"우리 예진이는요, 똥을 눈다고 해서 바닥에 앉혀 놓았더니 옥수수
가 한 알씩 나오는 거예요. 정말 웃겨요."

방학이 끝나기 얼마 전 '자기주도적학습'이라는 캠프를 같이 가
면서 기차 안에서 아이들과 방학 동안 있었던 일을 이야기했다. 우
리 반 여자아이들은 여름방학 동안 사촌 동생을 돌본 이야기를 했
다. 똥이 더럽지 않았냐고 물었더니 "어른 똥은 더러운데 애기 똥
은 더럽지 않아요"라고 한다. 연희와 수현이를 언니라고 부르고 싶
어진다.

이 캠프는 아이들의 자존감을 키우기 위해 여러 가지 프로그램
을 진행한다. 꼭 이루고 싶은 것을 20가지를 적고 그중에 4개만 쪽
지에 적는다. 그리고 하나씩 버려야 하는데 모두 소중해서 무엇을
버려야 할지 아이들은 괴로워한다. 나는 남북통일, 대학 등록금 공
짜, 참 좋은 할머니 선생님, 행복하기 중에 행복하기만 남겨 두고
모두 버려야 했다. 가슴이 아팠다. 정호가 이루고 싶은 것은 과학
자가 되어 롤링볼을 만드는 것이다. 멋진 롤링볼을 보고 사람들이
행복했으면 좋겠단다. 현우는 전쟁에 참여하기라고 발표해서 놀랐
다. 우리 학교 아이들은 4학년부터 6학년까지 참여했기 때문에 모
둠별로 다섯 명은 우리 학교 아이들이다. 현우, 정호, 5학년 현수,
고은, 4학년 재윤이가 4모둠이다. 나는 그 모둠에서 처음부터 끝까

지 같이했다. 4모둠 선생님에게 죄송하지만 정호의 불안을 덜어 주려면 어쩔 수 없는 선택이었다. 2박 3일이라 별로 힘들지도 않았다. 프로그램이 심성 프로그램이라서 좋았다. 이렇게 재미있는 공부를 우리 반 남자아이들은 싫어한다. 할 이야기도 없는데 자꾸 말을 하라고 해서 귀찮단다. 교실에서 마음 나누기나 시간 관리에 대해 이야기를 하자고 하면 웃고 떠들면서 장난만 치는데 이곳에 와서 모둠으로 나눠서 하니까 그래도 진지하게 참여하는 것 같아 좋다. 현우도 잘 참는 듯하더니 마지막 날에는 화도 내고 도망도 다닌다. 현우에게 말려들지 않는 4모둠 선생님이 고맙다.

"선생님, 저는요, 캠프에 오기 싫어서 선생님께 안 가면 안 되느냐고 전화를 한 것이 죄송해요. 와 보니까 재미있어요. 팔다리가 없는 사람도 열심히 사는데 나는 팔다리도 있잖아요. 4학년 재윤이는 엄마가 보고 싶다고 울면서도 집에 간다고 떼는 안 쓰잖아요. 정말 대단해요. 제가 선생님이랑 같이 안 자고 재윤이랑 같이 잔 것도 잘한 거죠?"

정호가 좋아한다. 정호의 장점은 언제나 활동 후에는 새로운 교훈을 깨닫는 것이다. 나도 정호처럼 팔다리 없는 사람이 열심히 사는 영상을 보고 감동을 했다. 4학년 재윤이는 아침저녁으로 울었다.

"저만 이렇게 좋은 데 있으니까 엄마한테 미안하고 더 보고 싶어요."

마음 닦는 일을 열심히 잘하고 싶다

위빠사나 마음공부 장소인 푸른누리에서 4박 5일 동안 부엌에서 일을 돕고 왔다. 11박 12일을 다 해야 하는데 고3인 우리 딸이 힘들어해서 일찍 올라왔다.

1994년에 처음으로 정토회에서 하는 '깨달음의 장'이라는 마음공부를 하게 되었다. 내 안에 숨어 있다가 가끔 나타나서 나를 미치게 하는 '화'를 이겨 내고 싶었다. 나를 열 받게 했던 것은 우리 반 아이들이라고 생각했다. 공부 시간에 떠들고, 청소도 안 하고, 친구들과 싸우는 우리 반 아이들이 문제라고 생각했다. 내 말을 왜 안 듣느냐며 화를 냈다. 화를 내다 교실 밖에 나가서 울기도 했다. 수련을 갔다 오면 몇 달은 괜찮았다. 내가 화를 내는 것은 아이들 잘못이 아니고 내가 아이들을 받아들일 수 있는 마음이 좁기 때문이라는 것을 알았기 때문에 수련장에서 배운 대로 명심문을 적어 놓고 실천에 옮기려고 노력했다. 반복되는 일상 때문에 다시 원점으로 돌아가는 일이 계속되었다. 나눔의 장, 일체의 장, 아바타 등 내 마음을 편하게 만들 수 있는 수련을 매년 찾아다녔다. 그러나 나는 여전히 화를 내고 있었으며 좋고 싫음 때문에 괴로워했다.

위빠사나를 만나고 난 후부터는 내가 조금씩 달라지고 있음을 느낀다.

2003년부터 지금까지 나는 아침저녁으로 한 시간씩 책상다리를 하고 앉아서 마음 닦기를 했다. 고3인 딸에게 미안하지만 나는 저녁 9시에 마음 닦기를 한 시간 하고 밤 10시면 꼭 잠자리에 든다. 새벽 5시에 일어나서 한 시간 마음을 닦고 아침 준비를 한다. 책상다리를 하고 앉아 있으면 40분은 편하지만 그 이후로는 몸이 비틀리고 다리가 아파서 아주 고통스럽다. 이 고통을 얼마나 계속하면 괜찮아지는지 알고 싶었다. 그리고 내 마음을 열심히 닦고 싶었다. 화내지 않길 바라며, 내 마음대로 내 뜻대로 하려는 마음 때문에 다른 사람에게 상처 주는 일을 더 이상 하고 싶지 않았다.

6년을 계속 노력한 덕인지 정토 어린이 수련회에서 잠을 3시간밖에 못 자서 힘든 상황인데도 내 마음은 흔들림 없이 고요했다. 참 신기했다. 책상다리를 하고 앉아 있어도 다리가 아파서 고통스러운 일은 이젠 없다. 나 자신이 참 자랑스럽다. 지금도 가끔은 내 감정대로 행동해서 남에게 상처 주는 말도 하고 다른 사람을 힘들게 할 때도 있지만 내 잘못이라는 사실을 인정하는 순간 마음이 참 편하다. 위빠사나 봉사를 할 때 죽을 끓이다가 손목을 데었다. 아픈 것도 아픈 거지만 흉이 생길까 봐 걱정되었다. 껍질을 벗기면 흉이 덜 생긴다던데 벗겨야 하나 말아야 하나 고민했다. 그래서 마음이 한참 복잡했다. 그때 문득 '나는 아주 예쁜 상처를 하나 갖고 싶었어' 라는 마음이 내 안에 퍼지기 시작했다. 그 순간 마음이 편해지면서 어떤 모양의 상처가 생기게 될지 기대하는 마음까지 생겼다. 정말 신기한 일이었다. 거역하지 않고 일어난 일을 자연스럽게 받아들이는 마음이 생기니까 내 뜻대로가 아닌, 있는 그대로 보게 된다.

맞을 준비가 되어 있는지 나에게 묻는다

마음 닦기를 같이하는 친구네 학교에서 학생이 담임교사를 때리는 일이 벌어졌다고 한다. 그 학생은 전담 교사인 자기 수업 시간에 들어와서도 수업을 방해한다고 했다.

"야, 선생님 좀 봐. 나를 무서워하는 거 맞지? 내가 떠들었는데 내 이름은 못 부르고 너희보고만 같이 떠들지 말라고 하잖아. 내가 무서워서 그런 거야."

정토회 법륜 스님께 제자가 때릴 때 교사는 어찌해야 하는지 물었다고 한다. 함께 있던 내 친구와 나는 법륜 스님이 무슨 말씀을 하셨는지 정말 궁금했다.

"그래서 스님이 뭐라고 하셨는데?"

"때리면 맞으라고 하셨어."

나와 내 친구는 눈물을 찔끔 흘렸다.

몇 년 전에 우리 반 아이는 청소 시간에 청소를 안 해서 청소를 하라고 했더니 "시발년아! 입 닥쳐"라고 나에게 욕을 했다. "시발

8월 이야기

새끼야! 너나 입 닥쳐. 너도 욕하고 나도 욕했으니까 이젠 된 거다"
하고 슬쩍 넘어갔을 때 나는 나 자신이 자랑스러웠다. 그리고 그
아이도 밉지 않았다. 그런데 맞는 것은 생각해 보질 못했다. 법륜
스님의 말씀을 들으며 맞아도 상처받지 않고 제자의 아픔을 같이
하는 교사가 되고 싶어졌다. 누가 선생님을 때리고 싶겠는가? 때릴
수밖에 없었던 그 아이의 상처를 어루만져 주려면 마음 닦는 일을
더 열심히 해야겠다는 생각을 했다. 상처받지 않고 맞을 일이 생기
면 맞아 주는 선생이 되고 싶다.

마음 닦는 일은 하면 할수록 내게 기쁨을 준다

화를 내면
그때만
가만히 놔두면 된다

세월학교 마을 축제 돌잔치

개학을 하자마자 1박 2일로 학교에서 교육연극 캠프를 했다. 아이들은 연극놀이를 하는 해마루 팀과 재미있게 놀았다. 작년에 있었던 세월학교 마을 축제를 기념하는 의미에서 이름을 '돌잔치'로하자는 3학년 선생님의 말씀을 따랐다. 1년이 되었다는 의미도 있고, 학교 주변에 있는 돌을 주워서 돌로 여러 가지 놀이도 하고 돌탑을 쌓는 활동을 하기 때문이다. 아이들이 마을을 의미 있게 받아들이려면 어떻게 해야 할까 고민하다가 각 마을에 있는 돌을 주워와서 돌로 놀이도 하고 돌탑도 쌓으면서 너와 내가 하나가 되는 경험을 하기로 했다.

그런데 생각처럼 쉽지 않았다. 아이들이 마을에서 돌을 찾아오는 일을 힘들어하거나 돌이 있어도 잊고 가지고 오지 않았기 때문이다. 막상 캠프를 할 때는 학교 옆에 있는 개울에서 돌을 구해 왔다. 탑을 쌓는 일도 쉽지 않았다. 마을에 대한 자랑스러움도 느끼면서 우리 모두 하나가 되는 일을 하고 싶었는데, 그 의미가 충분히 전달될 수 있도록 준비를 못 한 것이 아쉽다.

점심은 학년별로 만들어 먹었다. 아이들이 냉면을 하겠다고 해서 냉면을 만들어 주었다. 김밥을 만들기로 한 5학년은 김을 10장밖에 가지고 오지 않아 담임선생님이 읍내로 김을 사러 갔다 오셨고, 떡볶이를 만든 반은 너무 맛있어서 바닥까지 긁어 먹었단다.

점심을 먹은 후에는 교실로 들어가서 돌로 인형을 만들어 연극놀이를 했다. 돌에 색을 칠하고 이야기를 만드는 일을 모두 좋아하는데 우리 6학년만 좋아하지 않았다. 인형놀이 대신 지금까지 후배들을 많이 괴롭혔는데 후배들에게 닭을 삶아 닭죽을 끓여 주면 어떻겠냐고 했더니 아이들이 좋아한다. 연희네 집에서 나무를 손수레로 한 짐 실어 와 나무 그늘에 앉아서 불을 땠다. 모두 재미있어 하는 모습이 예쁘다. 죽을 끓이느라 불을 때며 눈물을 질질 흘리고 있는데 못 보던 아이들과 어른들이 오신다. 우리 학교로 전학을 오고 싶단다. 학교를 둘러보시더니 "선생님! 저는 아이들 자유를 인정해 주는 학교를 찾고 있었는데 이 학교 아이들은 자유로워 보이네요. 오늘부터 보낼래요"라고 하신다. 그날로 엄마와 함께 왔던 1학년과 3학년 아이는 캠프에 같이 참여했다. 우리 학구가 아닌데도 우리 학교를 알아봐 주니까 기분이 참 좋다. 정말 잘하고 싶다.

저녁에는 등불을 만들어 마을에 있는 500년 묵은 느티나무까지 걸어갔다 왔다. 등불이 여러 개가 움직이니까 참 예쁘다. 우리 아이들이 생명을 소중히 여기는 세상의 등불이 되길 빌었다. 그날 밤

인형극과 막춤 때문에 교감 선생님은 인기 스타가 되셨다. 작년에는 학교에서 처음 잠을 자서 그런지 밤늦도록 잠을 이루지 못하던 아이들이 올해는 잠을 잘 잔다. 아침에 일어나서 선생님들이 아침 준비를 했다. 계란 프라이를 버리는 아이들을 보면 가슴이 철렁한다. 계란이 귀한 반찬이었던 시절을 살았기 때문에 더 민감하게 반응하게 된다.

너희의 권리를 주장하길 바란다

나무를 태웠으니 재도 많고 주변도 지저분해서 그곳을 치우고 아이들과 운동장에서 땅따먹기 등을 하며 반별로 놀고 탑도 더 쌓으려고 했는데 아이들이 말을 안 듣는다. 교실에 올라와서 2학기 때 나에게 바라는 것이 무엇인지 적으라고 했다.

"여러분이 내 말을 안 들으니 이제부터는 제가 여러분의 말을 들으려고 합니다. 무엇을 어떻게 해야 하는지 알려 주면 최선을 다해서 잘해 보겠습니다."

착한 선생님, 체육은 꼭 하고, 동생이 까불면 때리게 하고, 공부 시간에 하고 싶은 사람만 하고, 체육 시간에 우리가 하고 싶은 거 하고, 급식 먹기 싫은 거 먹지 않고, 때리지 않고, 쉬는 시간 꼭 지키고, 만약 공부 시간에 떠들고 장난치다 3번 걸리면 반성

문 '조용히 하겠습니다' 라고 5장 쓰고, 공부 시간은 재미있게 하고, 영화 보여 주고, 동생들 말만 믿지 말고 우리 말 믿으세요, 친구랑 싸울 때 선생님이 나서지 말고 우리가 화해할 거고, 나머지는 일주일에 2번 이상은 못 하고, 복도에서 뛰어도 뭐라고 하지 말고, 3번 걸리면 혼내고, 숙제는 가끔씩. 김상태

아이들이 쓴 각각의 의견을 부모님께 보내 드렸다. 아이들의 생각을 들어 보고 같이 도와줄 수 있길 바라는 마음이기도 하고 부모님이 아이들 의견을 어떻게 생각하는지 궁금하기도 했다. 수현과 연희, 지형, 태현, 성우는 부모님께 보여 드리고 동의를 구해 왔는데 상태와 현우, 진호는 부모님께 보여 드리지도 못했는지 종이를 가지고 오지 않았다.

이번 2학기 교육과정에는 인권에 대한 내용이 참 많다. 문제가 생기면 대화로 문제를 해결해야 하는 과정도 배우게 되고 아이들의 권리에 대해서도 공부하게 된다. 자신의 생각을 솔직하게 이야기할 수 있도록 아이들의 이야기를 잘 들어 주고 싶다.

"제가 잘하는 게 있다는 걸 알게 되었어요"
"2학기 학급 어린이 회장을 뽑겠습니다. 추천해 주시면 좋겠습

니다.”

친구들이 추천하면 모두 하기 싫다고 해서 선거를 할 수 없게 되었다.

“저는 하고 싶은데 아이들이 일을 못한다고 비웃을까 봐 못 하겠습니다.”

아이들에게 놀리지 않겠다는 다짐을 받아 주면 하겠느냐고 했더니 성우는 그러겠다고 한다. 아이들도 다른 대안이 없으니까 그러라고 한다. 학급 회장이 학급의 궂은일을 해야 하니까 힘들다고 모두 안 하겠다는데 성우는 하겠다고 한다. 성우를 처음 만났던 5학년 때 일이 생각난다. 몸무게 79kg, 키 163cm의 큰 덩치를 갖고 있는 아이가 할 말도 못 하고 늘 기죽어 있었다. 달리기도 못하고 공부도 못하는 아이. 할머니와 단둘이 사니까 지저분한 모습으로 학교에 올 때도 많다. 성우를 가운데 세워 놓고 남자아이 네 명이 동서남북에서 달려와서 성우에게 부딪치는 놀이를 했다. 몸이 아픈 성우는 가운데서 얼굴을 찌푸리면서도 가만히 서 있기만 했다.

“선생님! 한 명씩 덤비면 어떻게 해 보겠는데요, 그 아이들은 네 명이 동시에 달려드니까 매일 당하게 돼요. 상태와 현우는 싸워 볼 만한데 다른 아이들이 그 아이들 편을 들어서 못 싸우겠어요.”

체육 시간이면 아이들이 하자는 대로 했다. 나하고 운동을 못하는 다섯 명과 날쌘 아이들 네 명으로 팀을 나눠서 게임을 했다. 몸이 빠른 네 명의 아이들은 자기들끼리 같은 팀이 되어야만 수업에 열심히 참여한다. 운동을 잘하는 태현이와 같은 팀이 되지 않으면 열심히 뛰지도 않고 모든 운동을 대충 한다. 달리기를 하면 우리가 한 바퀴 뛸 때 그 아이들은 두 바퀴씩 뛰어도 그 아이들이 이긴다. 발야구를 하건 피구를 하건 우리가 모두 진다. 지는 방법을 연구하는 재미로 체육을 하자고 이야기해도 나와 같은 편인 아이들은 모두 즐거워하지 않았다. 다른 아이들은 그 네 명이 이겼다고 좋아하는 모습만 물끄러미 쳐다보았다. 작년 4월에 체육 시간에 놀이를 하다 몸싸움이 일어났는데 성우의 부탁대로 일대일로 싸우게 해 주었다. 상태와 현우를 성우가 싸워서 이겼다. 그러나 진호와 태현이는 무서워서 싸우지 못하겠다고 한다.

"태현아! 진호야! 성우가 너희는 무서워서 싸우고 싶지 않대. 그런데도 싸워야겠니? 강한 사람이 원하지 않는 친구에게 시비를 걸거나 싸우려고 하면 안 되겠지? 그러지 말자."

"너는 힘이 좋으니까 싸울 때 떨어지지 말고 꼭 끌어안고만 있어도 네가 이길 수 있다"라고 해도 성우는 그 아이들이 무섭다고 했다. 그러던 성우가 세월학교 마을 축제 때 공연할 연극 주인공이 되었다. 오디션을 통해 뽑힌 것이다.

"선생님, 저는 제가 잘하는 게 없는 줄 알았는데 이번 축제를 하면서 제가 잘하는 게 있다는 걸 알게 되었어요. 정말 좋아요."

성우는 9월 어느 날 태현이와 싸움을 하게 되었다.

"야, 시발 새꺄! 네가 왜 남의 일에 참견인데? 나는 이제 네가 무섭지 않거든. 우리 부모님이 이혼을 하셨으면 하셨지 네가 뭔데 이러고저러고 난리야. 병신 같은 새끼야."

태현이는 늘 기죽어 있던 성우가 욕을 하니까 화를 내며 달려가서 성우를 때렸다. 성우도 태현이를 때리고 서로 싸웠는데 태현이가 더 이상 달려들지 않는다. 성우는 원래 공격은 안 하는 아이다. 버티고 서서 방어만 한다.

주변에 있던 어른들은 충분히 싸우라고 말리지 않았다. 1학년 때부터 쌓여 있던 불평등의 관계가 무너지는 순간이었다. 나는 신이 나서 멀리 떨어져서 지켜만 보았다. 늘 자신이 최고라고 생각한 태현이는 큰 상처를 입었을 것이다. 태현이를 안아 주며 한마디했다.

"태현아, 힘들지? 성우가 어떻게 변할지 나도 모르겠다. 사람은 늘 변하니까 너무 힘들어하지 말거라."

"성우야! 오늘 아주 멋있었어. 할 말은 하고 사는 거야. 잘했어. 성우야! 아이들이 왕따를 시키면 당당하게 왕따의 삶도 멋지게 살아 보는 거다."

그날 점심시간에 성우와 나만 같이 밥을 먹고 우리 반 아이들은 모두 태현이 편에 가서 먹었다. 시간이 얼마나 걸리든 당당하게 이겨 내자고 이야기했는데 점심시간에 태현이와 성우가 화해했다.

태현이도 참 멋진 녀석이다.

　그날부터 성우는 아주 시끄러운 아이가 되었다. 그동안 기죽어서 하지 못했던 일을 하느라고 정신없다. 연극 연습은 열심히 하지 않고 후배들이 실수하면 큰소리로 혼내고, 수업 시간에도 친구들이 조금만 실수해도 큰소리로 구박하느라고 정신없다. 조용히 하면 어떻겠냐고 했더니 큰소리로 말하고 화를 내면 속이 시원하다니 내가 참을 수밖에 도리가 없다. 선생님들과 주변 어른들은 성우가 사납게 변했다고 하신다. 그 변화는 고마운 일이고 시간이 지나면 다시 좋은 모습을 보일 것이다.

　5학년 겨울방학이 끝나고는 몸무게가 92kg이었던 성우는 4월에 영어마을에 갔다 오고 나니까 96kg이 되었다. 보건소 소장님과 상담도 하고 본인도 노력했지만 몸무게가 줄지 않았다. 할머니하고만 사는 성우는 좋아하는 텔레비전 프로그램을 보다가 밤에 밥을 먹고 늦게 자는 생활을 겨울방학 내내 했던 것이다. 방학 때면 늘 어머니께 갔던 아이였는데 5학년 겨울방학에는 엄마 집에 가고 싶지 않았단다. 6학년 여름방학은 엄마와 함께 시간을 보내고 왔는데 한 달 동안 몸무게를 89kg으로 만들어 왔다. 성우 어머니께서 성우에게 신경을 많이 쓰겠다고 하시니 정말 고맙고 마음이 놓인다.

　성우는 이제 아무 때나 소리를 지르지 않는다. 자신이 옳다고 생각한 것은 늘 당당하게 말하는 아이가 되었다. 구구단이 정확하게 정리가 되지 않아 수학을 못했는데 지금은 수학도 잘한다. 진지한 성품 때문에 모르는 문제를 알려고 연구하는 만큼 성적이 오르니까 나도 신이 난다. 지금은 우리 반 1등을 넘보고 있다.

현우에게는 힘들었던 일이지만 나는 좋았다

점심시간에 3학년 아이가 현우와 장난하다 현우의 그곳(?)을 만지고 도망갔단다. 현우는 쫓아가서 그 아이를 잡았고 그 아이는 현우에게 끌려가지 않으려고 애를 썼다. 3학년 아이는 현우와 같은 동네 살면서 같이 놀기도 하고 약을 올려서 맞기도 한다. 3학년 아이에게 현우는 무서운 형이다. 싫다는 아이를 끌고 가는 현우를 잡아 꼭 안았다. 나는 현우가 힘으로 안 되는 어쩔 수 없는 답답함을 맛보길 바랐다. 답답한 현우가 욕을 하기 시작한다.

"놓으라고 시발년아! 왜 안 놓고 지랄이야, 개새끼야. 네가 뭔데 나를 붙들고 있냐고."

"현우야, 너 지금 기분 엄청 나쁘지? 그동안 네가 때렸던 친구나 동생들도 다 너처럼 기분 나빴어. 조용히 좋은 말로 하자. 앞으로 어떻게 할 건지 우리 이야기로 풀자."

"개새꺄, 싫다고. 나는 너랑 할 이야기 없다니까 왜 잡고 난린데."

9월 이야기

소리를 지르고 악을 쓰는 현우를 붙잡고 40분 동안 몸싸움을 했다. 나는 욕을 먹기로 작정했기 때문에 아이가 욕하는 것이 거슬리지 않았다. 그런데 우리의 모습을 전교생이 다 봐야 한다는 것이 현우에게 미안했다. 대화로 문제를 해결하자고 해서 놔주었더니 1학년 교실로 간다. 따라갔더니 1학년 아이를 때리고 있다. 우리를 보고 1학년 아이가 "선생님, 더 하세요"라며 웃었단다. 그 시간은 특기적성으로 영어 수업을 하고 있었다. 1학년 선생님도 영어 선생님도 놀라셨다. 데리고 나와서 정신 차리라고 머리를 몇 대 때렸다. 그때 내 안에 있는 폭력성이 현우의 뺨도 때리라고 꼬인다. 나 스스로 놀랐다. 흥분한 아이를 정신 차리라고 때리면서 내가 흥분한 것이다. 현우는 수업 시간에 신경질 내고 짜증 낼 때 가만히 기다리면 화가 풀리는 데 1시간 정도 걸린다. 그런데 내가 때리니까 흥분을 금방 가라앉히고 고분고분해졌다. 마음이 너무 아프다. 그냥 끝까지 놔두지 못한 것이 한스럽다. 화장실에 데리고 가서 얼굴을 닦아 주고 팔도 닦아 주었다. 아이가 가만히 있다.

"현우야, 나는 너를 안아 보고 싶은 만큼 충분히 안아 봤으니까 됐다. 너는 나에게 하고 싶은 욕을 다 했으니까 됐지? 교실에 올라가서 수학 공부하자."

차분하게 앉아서 수학 문제도 풀고 운동장에서 체육도 열심히 하는 현우를 보면서 마음이 짠하다. 다음 날 학교에 왔더니 현우에게 맞은 아이가 현우가 무서워서 학교에 못 오겠다며 안 왔다. 1학년 아이를 데리러 가야 한다니까 현우는 고개를 끄떡인다. 세월교회 목사님은 현우를 반갑게 맞이해 주셨다. 화해하러 왔으니 잘된 일이라면서 당신 딸에게 또 다른 좋은 오빠가 생겨서 좋다고 하신다. 웃는 얼굴로 현우를 용서해 주신 목사님에게 고맙다고 인사하고 왔다.

친구들에게 나쁜 말을 하면 선생님과 함께 나머지 공부하기

읽기 시간에 '엄마 신발 신고 뛰기'를 공부하면서 아이들에게 친구들이 자신의 실수를 이해하며 해 주었던 말을 찾아보자고 하니까 그런 일이 없어서 못 찾겠다고 한다. 성우는 욕이나 안 하면 다행이라고 한다. 그래도 고마웠던 순간을 적어 보라고 했다. 모두 없는데 어떻게 적느냐고 난리더니 하나씩 적어 주었다. 맛있는 것 나눠 줘서 고맙고, 놀리고 도망가도 잘 참아 줘서 고맙고, 웃겨 줘서 고맙다고 한다.

"저는 여러분이 신경질 내고 화를 내도 고마웠던 순간이 있어서 화나지 않습니다. 그것이 딱 한 번이라도 그것이면 충분합니다."

아이들은 6년 동안 함께 생활해서 무뎌진 것들이 너무도 많다. 모두 서로에게 좋은 말을 잘 하지 못한다. 그래서 화내고 싸운다.

토요일 읽기 시간에는 부침개를 만들어 먹으면서 좋은 말만 하기로 원칙을 세웠다. '우리 것을 갖고 왜 선생님 마음대로 하세요? 우리는 그러고 싶지 않아요' 라고 반대할까 봐 부침개 만들 재료를 내가 다 준비해 갔다. 원칙을 지키지 않는 친구는 읽기책에 있는 시를 5분 동안 외우기로 했다. 현우와 상태, 태현이가 앞으로 나가서 시를 외웠다. 진호가 무슨 이유로 화가 났는지 밖으로 나가서 들어오지 않았다. 부침개 부치기를 멈추고 진호를 데리고 오라고 했더니 현우는 알게 뭐냐고 우리끼리 먼저 먹으면 안 되느냐고 한다. 그래도 가서 데리고 오라고 했더니 모두 가서 데리고 왔다. 조용히 음식을 만들어 먹었다. 설거지도 열심히 잘했다. 진호는 시키지도 않았는데 더러운 곳을 찾아서 치운다. 그 아이는 내 말은 안 들어도 자기가 하고 싶으면 잘한다.

정호 어머니가 아이스크림 두 통을 사 오셨다. 차례로 줄을 서서 떠 가자고 하니까 그냥 둘러서서 떠 가자고 한다. 녹는다고 난리다. 그래서 그렇게 했다.

"야~, 맛있는 거 먼저 퍼야겠다."

"왜 너만 많이 먹어!"

"내가 뭘 많이 먹어! 나는 처음부터 조금 펐고 너는 가득 펐잖아."

"그래도 너는 몇 번씩 퍼 가고 있잖아. 나도 막 퍼 가야지."

입에 달콤한 것을 가득 물고서도 아이들은 싸운다. 월요일 아침 시간에 '부침개를 만들어 먹었을 때와 아이스크림을 먹었을 때 우리 반 분위기'라는 제목으로 글을 쓰라고 했다.

부침개를 부쳐 먹을 때는 실수하면 "괜찮아"라고 하면서 먹었다. 아이스크림을 먹으려고 욕심을 부렸다. 김상태

부침개를 만들어 먹을 때의 원칙은 친구에게 "너 때문에 망했다"는 말 안 하기와 "하지 마" 소리 안 하기였다. 싸우지 않아서 좋았다. 아이스크림은 원칙 없이 막 퍼 간다. 마음대로 해서 싸움이 났다. 싸움이 안 나는 것이 좋다. 유수현

나쁜 말을 하면 책을 읽기로 했다. 진호가 안 보여서 올 스톱을 했다. 원칙이 있어서 좋다. 나쁜 말을 안 들어서 좋다. 아이스크림을 먹을 때는 싸웠다. 정지형

부침개를 만들어 먹을 때는 짜증과 신경질을 내지 않았다. 우리 모둠은 나 빼고 다 앞으로 나갔다. 분명히 내 욕을 했을 거 같다. 각종 욕을 한다. 재수 없다는 느낌이 든다. 자기들은 아이스크림을 수북이 담아 가서 먹으면서 내가 조금 가지고 가서 자주 먹으면 지랄이다. 기분이 나빴다. 이성우

9월 이야기

"친구에게 나쁜 말을 하면 저와 함께 나머지 공부를 하셔야 합니다. 여러분이 그동안 하고 싶다는 것은 다 들어주려고 노력했습니다. 이번에는 여러분이 제 말을 들어 주셨으면 좋겠습니다."

자율적으로 자기들이 원해서 시작한 일이 아니라서 나만 없으면 함부로 행동하고 그러다 싸운다. 그러나 나는 끝까지 해 보려고 한다.

"진호야, 너 친구에게 '시발, 왜 지랄이야' 라고 욕했으니까 오늘 나머지다."

"싫어요. 안 할 거예요. 안 하면 돼. 왜 하라고 난리야. 짜증 나게."

그 아이는 말만 그렇게 한다. 내가 화내지 않고 좋은 말로 하자고 하면 어디까지 풀면 되느냐고 물어볼 것이다. 화났을 때 그때만 가만히 놔두면 된다.

언제나 내가 문제다

달인들은 움직임 그 자체가 감동이다

일주일 동안 재량 시간과 특별활동 시간을 모아서 마을의 달인을 만나기로 했다. 이번 행사는 마을에 계신 어른들을 만날 수 있는 좋은 기회이며 아이들이 마을을 이해하는 데 큰 도움이 될 거라는 기대감으로 시작했다. 아침에 학교에 와서 저녁에 들어가는 아이들은 마늘도 캐 본 적이 없다. 몸만 농촌에 있지 생각은 도시 사람들과 다를 것이 없다. 그래서 마을 어른들과 학부모들을 찾아다니면서 현장에서 배우는 시간을 마련했다.

프로야구 선수였던 은비 아버님은 아이들이 받을 수 있는 공만 던지신다. 그리고 아이들이 공을 잘 못 던져도 다 받아 주신다. 우리 반 남자아이들은 야구가 제일 재미있었다고 한다. 손목을 이용해서 던지는 법도 배우고 공을 치는 법도 배워서 좋았단다.

천연세제를 만들어 주기 위해 한강지킴이 회원 열다섯 분이 학교에 오신 것도 멋졌다. 50, 60대 아저씨들이 아이들에게 환경 가꾸기의 중요성을 설명해 주시는 모습이 참 좋았다. 그러나 아이들은 당밀을 자신들이 직접 넣고 싶었는데 어른들이 도와주셔서 재미없었단다. 아이들은 자기들이 직접 하는 것을 정말 좋아한다.

선박이 아버님은 다용도 책상을 쉽게 만들 수 있게 나무를 하나 하나 다 잘라 오셨다. 아이들은 드릴로 못을 박는 즐거움에 푹 빠졌다. 다용도 책상은 의자도 되고 화분 받침도 되고 쓸모가 아주 많았다. 작품 활동을 하고 나면 집에 가지고 가지 않는 아이들이 있어서 늘 교실에는 한두 개쯤 굴러다니는데 다용도 책상은 크고 무거운데 교실에 굴러다니는 것이 하나도 없다. 신기하다.

애니메이션 강사님이 우리 마을에 사시는 줄 이번에 알았다. 아이들에게 애니메이션의 종류가 아주 다양하고 많다는 것을 보여 주셨다. 좋아하는 캐릭터를 그려서 즉석 코팅지에 붙여 열쇠고리도 만들었다. 성우는 만화책 주인공을 그리고 싶어 했다.

"성우야, 그건 너무 힘들 거 같아. 너무 복잡해. 그러니까 간단한 캐릭터로 바꾸자."

그림 실력이 별로인 성우는 그 캐릭터를 꼭 하고 싶다고 1시간이나 끙끙댔다. 포기하지 않는 성우를 돕고 싶었다. 복사해서 얼굴, 머리, 몸, 옷 부분을 오려서 본을 만들어 대고 그렸더니 성우 마음에 드는 캐릭터를 완성하게 되었다. 성우도 나도 기분이 좋았다.

이안 어머니와 희태 어머니는 우리 반 아이들에게 악기를 가르쳐 주셨다. 드럼을 처음 만져 보는 아이들은 손발이 잘 맞지 않는다고 투덜대면서도 열심히 노력했다. 삐딱한 진호는 어머니들의 도움을 받지 않고 끝까지 드럼을 쳤다. 진호의 긴 머리와 드럼은 잘 어울렸다.

"새끼를 어떻게 꼬라는 거예요. 짜증 나네."

진호가 투덜거리면서 할아버지의 설명대로 새끼를 꼬더니 재미있다고 좋아한다.

"야! 점점 길어진다. 수현이 것 좀 봐. 제일 긴 거 같은데."

"아니야. 내 것도 길어."

아이들의 모습은 참 아름답다. 할아버지는 동아줄 만드는 법도 알려 주셨다. 가느다란 짚이 모여서 새끼가 되더니 새끼를 모아 꼬니 아주 튼튼한 동아줄이 되었다. 할아버지는 짚신도 잘 만드시고 멍석도 잘 만드신다. 마을에서 아주 유명한 분이다. 우리 아이들은 마을에서 그분을 만나면 아주 반갑게 인사할 것이다.

천연비누를 만들면서 보미 어머니한테 여러 사람의 노력으로 천연비누가 일반화될 수 있었던 이야기를 들었다. 보미가 아토피 때문에 고생해서 아토피를 이겨 내는 방법을 연구하시게 된 보미 어머니의 노력에 모두 놀랐다. 아이들이 만든 천연비누는 전교생이 하나씩 다 나눠 가졌다.

"할아버지! 할머니랑 싸우시면 이곳으로 올라오셔서 주무시죠?"

주변의 버려진 물건들로만 원두막을 만드신 할아버지네를 찾아가서 성우가 물어본 말이다. 할아버지는 웃으시면서 그렇다고 하셨다. 필요한 물건들을 주워서 만드셨기 때문에 문짝 모양도 다 다르고 색깔도 다르다. 아이들은 카세트를 눌러서 노래가 나오니까 춤도 춘다. 할아버지는 물건을 아껴 쓰는 일이 왜 소중한지 재미있게 이야기하셨다.

"비닐은 절대 태우면 안 돼. 쓰레기를 아무 곳에나 버리는 사람을 보면 왜 버렸느냐고 욕하지 말고 자신이 먼저 줍는 거야. 왜 버리느냐고 하면 어린아이에게 욕을 먹은 것 같아 창피하니까 너희에게 욕을 하게 되겠지? 그러니까 너희가 먼저 줍는 거야. 그러면 미안해서 아무 곳에나 버리지 않을 거야."

할아버지 이야기를 조용히 앉아서 듣는 아이들에게 놀랐다. 장난이 심한 아이들이라 아무거나 만져서 물건을 망가뜨릴까 봐 걱정했는데 할아버지께 이런저런 질문을 하면서 진지한 모습을 보여 주었다.

교사들은 마을을 돌아다니면서 빈집을 찾아보았다. 은행나무 옆집, 주유소 옆집, 재원이네 살던 집, 가겟집 사위가 살던 집 등을 둘러보았다. 우리 학교에 전학을 오고 싶다는 연락이 계속 온다. 경쟁 위주의 교육이 아니라 아이들의 자유를 인정하고 행복하게 살 수 있는 학교를 찾아서 도시에서 전학을 오고 싶어 한다. 문제는 마을에 빈집은 있는데 살 만한 집이 없다는 것이다. 모두 그것이 고민이었다. 재활용 할아버지의 도움도 받고 학교 선생님들과 마을 사람들이 빈집을 고쳐서 우리 학교에 오고 싶어 하는 사람들이 살 수 있었으면 좋겠다.

학교 옆에 목장이 있어서 소똥 냄새가 날 때가 가끔 있다. 아이들은 문을 닫고 짜증을 냈다. 그런데 목장에 가서 송아지도 보고 젖소도 보면서 그곳을 이해하게 되었다. 깨끗하게 관리하기 위해 노력하시는 주인아저씨를 뵙고 이것저것 물어보았다.

"아저씨 소 한 마리에 얼마예요? 송아지는 얼마예요? 한 달에 얼마나 버세요?"

주인아저씨께 죄송하니까 그러지 말래도 아이들은 그것이 제일 궁금한가 보다. 최선을 다해 설명해 주시는 주인아저씨께 고마운 마음이다.

"내가 세월초등학교 1회 졸업생이고 내 자식들도 모두 그 학교 졸업했어. 너희가 먹는 우유는 우리 집에서 짠 우유야. 우리가 이렇게 깨끗하게 관리하니까 걱정하지 말고 마셔."

"정말이에요? 아저씨가 우리 학교 1회 졸업생이에요? 와! 소하고 이 땅까지 합하면 전부 얼마예요? 10억은 될 거 같아요?"

정말 당황스럽다.

학교 옆에서 마차를 만드시는 분이 말과 마차를 가지고 운동장으로 오셨다. 아이들 눈이 반짝인다. 마차를 타고 말을 만져 보았다. 직접 만지니 부드럽고 말이 친근하게 느껴진다고 한다. 1시간

30분 동안 우리 학교 아이들을 태워 주느라고 말이 힘들었을 거라며 걱정도 한다.

"그림자는 뭐라고 생각하니?"

"또 하나의 나요."

"내 옆에 꼭 붙어 다녀요."

그림자는 빛이 어디에서 오느냐에 따라 진실과 아주 다른 모습을 할 수 있다는 것을 1학년 지현이 어머니의 도움으로 알게 되었다. 불빛과 멀어지면 작아지고 불빛에 가까이 가면 아주 커진다. 앞뒤도 구분하기 어렵다. 아이들은 그림자놀이를 하면서 눈에 보이는 것이 전부가 아니라는 것을 알게 되었을 거다.

"지금은 삽살개에게 새끼를 낳지 않게 하고 있어. 버려진 개들을 데려다 키우는 일을 하기 때문이야. 삽살개는 모든 색이 다 있어. 그래서 더 멋져. 삽살개를 보면 평등하다는 생각이 들어. 사람들은 누렁이와 백구만을 순종이라고 생각해서 다른 색의 새끼가 나오면 안 키우려고 했어. 나는 눈먼 개도 잘 키우고 싶고, 다리가 아픈 개도 잘 키우고 싶어. 나는 세상이 모두 평등하길 바라."

개를 여러 마리 키우시는 분이 마을에 계신지 이번에 알게 되었다. 삽살개를 데리고 나타나신 분의 이야기는 내 마음을 따뜻하게 해 주었다. 이분과는 막걸리라도 한잔 마시며 세상 사는 이야기를 하고 싶다.

언제나 내가 문제다

아이들은 일주일 내내 행복했다. 카메라를 들고 다니면서 달인과 함께한 활동을 찍기도 하고 인터뷰도 했다. 나는 말하기·듣기 시간에 해야 할 면담을 자연스럽게 할 수 있게 되어 참 좋았다. 저학년은 물감을 발에 묻혀서 뛰어다니기도 하고 대금, 판화, 유화, 도자기를 하시는 분들의 작업실에 가서 수업하기도 했다. 오이 농장에 가서 비닐하우스의 뜨거움도 맛보고 강가에 늘어진 갈대들과 놀면서 산책을 하기도 했다.

가을 운동회는 우리끼리 조용히 치렀다

신종플루(신종 인플루엔자) 때문에 가을 운동회는 아이들하고만 조용히 치렀다. 유치원과 저학년이 풍선을 들고 뛰다가 매트 위에서 풍선 터트리기를 했다. 풍선이 터지지 않으니까 우리 반 진호가 가서 발로 밟아 터트렸다. 그러고는 유치원 아이들이 뛰는 라인을 밟으며 거꾸로 출발선 쪽으로 뛰어오기에 위험해서 그러지 말라고 했는데 내 말을 무시하고 계속 라인 안으로 뛴다. 순간 화가 나서 진호의 팔을 잡아끌어 내면서 발로 다리를 찼더니 욕을 하면서 교실로 가 버렸다. 진호 친구들 세 명이 따라갔다. 대한 팀과 민국 팀이 경기를 해야 하는데 우리 반 네 명이 나타나질 않는다. 기다리니까 경기가 끝날 무렵에 세 명은 나와서 참여했는데 진호는 나타

나질 않았다. 쉬는 시간에 아이스크림을 먹는데 진호가 안 보여서
아이스크림을 들고 교실로 올라갔다. 올라오는 나를 보고 진호는
나를 피해서 자리를 옮겼다. 불러도 대답도 안 할 것이 뻔하다. 진
호를 조용히 따라갔다. 화장실에 들어간 진호를 기다렸다가 아이
스크림을 먹으라고 주었더니 나를 무시하고 밖으로 나간다. 운동
장으로 나와서 태현이보고 진호에게 아이스크림을 갖다 주라고 했
다. 줄다리기를 시작했는데도 진호가 나타나질 않는다. 자기네 편
이 지니까 그때 나타나서 줄다리기를 한다. 아이스크림을 물고 있
는 진호네 편이 이겼다.

  5학년 남자아이가 경기하다가 상대편에게 욕을 해서 5학년 담임
선생님이 욕을 하지 말라고 혼내셨다. 그때부터 그 아이는 모든 경
기에 참석하지 않았다. 남자 계주에도 참여하지 않아 담임선생님
이 그 아이 대신 뛰셨다. 달래도 말을 안 듣는 아이가 그렇게 자신
의 기질을 발휘할 수 있는 것은 우리 학교 선생님들이 무섭지 않기
때문이다. 그런 기질을 발휘할 수 있도록 돕는 것이 어른이 할 일
이라고 생각한다. 그런 실수들을 통해 얼마나 많은 것을 배우게 되
는지 나는 안다. 지금은 아니지만 아이가 어른이 되었을 때 자신이
용서받았던 많은 기억 때문에 마음이 따뜻해질 것이다. 진호가 마
지막 주자였는데 태현이네 편이 시고 있으니까 천천히 뛰더니 거
의 같이 들어왔다. 열심히 뛰지 않았다고 진호를 혼내고 싶지 않았

언제나 내가 문제다

다. 같은 반 친구와 편을 나눠서 경쟁하고 싶지 않은데 어른들이
틀에 박힌 생각에서 계주를 시켰다는 반성을 하게 되었다. 그것이
얼마나 잘못되고 마음 아픈 일인지 진호가 행동으로 보여 주었다.

언제나 내가 문제다

흔들림이 없으면 화낼 일도 없다. 다 끌어안고 앞으로 가면 된
다. 그런데 내가 흔들리면 화를 내게 된다. 10년 넘게 음식 남기지
않기를 지도해 왔다. 아이들이 먹기 싫다는 음식을 내가 반 정도
먹어 주면 아이들은 참고 음식을 먹는다. 내가 정말 하고 싶은 일
이기 때문에 아이들이 화내고 짜증을 내도 나에겐 문제가 안 된다.

"싫은 음식을 먹으라고 해서 미안하다."

음식 먹기를 힘들어하는 아이 옆에 앉아서 "맛있다. 맛있다"를
노래 부르듯이 떠들기도 하고 정말 싫다는 음식은 먹어 준다. 아이
들은 싫어하는 음식은 여전히 싫어하고 밥을 싫어하는 아이는 여
전히 밥을 먹으면서 짜증을 낸다. 그래도 아이들이 다양한 음식을
혀로 느끼는 일이 중요하다고 생각하기 때문에 미안하지만 그 규
칙을 꼭 지키게 한다. 뭐든지 괜찮다고 위로하고 싶지만 먹는 일만
은 싫어도 꼭 해 보길 권한다. 급식 지도처럼 내가 해야 할 일이 확
실하면 화낼 일이 없다. 그런데 '친구들에게 나쁜 말을 하면 나머

지 하기'는 내가 많이 흔들렸다. 내가 흔들리니까 화가 난다.

"친구 욕한 것도 아닌데 왜 나머지를 해야 해요. 그 아이가 나쁜 행동을 해서 그 이야기를 하는데 그게 무슨 욕이라고 나머지를 하라는 거예요. 저는 나머지 하기 싫어요."

"친구하고 화해했는데도 나머지를 해야 해요? 친구가 괜찮다는데 왜 선생님이 뭐라고 하세요. 우리끼리 괜찮으면 되는 거 아녜요. 저 나머지 안 할 거예요."

"매일 나머지래. 뭔 말을 못해. 그냥 벙어리로만 살라는 거야?"

"친구가 놀리면 화내지 말고 선생님한테 이르라고 해서 일러도 도와주지도 않으면서 왜 욕했다고 난리야. 난 도망갈 거야."

이런 말들에 화를 내는 나를 보면서 스스로 확신이 없음을 깨달았다. 아이들은 내가 흔들리고 있음을 알고는 계속 투덜거린다. 그 투덜거림을 내가 즐거운 마음으로 편하게 받아들여야만 우리 아이들의 투덜거림이 줄어들 것이다. 아이들은 예민하고 똑똑하다. 내 마음을 훤히 알고 있다. 그래서 요즈음은 아이들이 투덜거리면 그냥 씩 웃는다.

"미안해, 현우야. 그래도 남아서 공부하고 가야 해. 싫어도 어쩔 수 없어. 선생님에게 너와 단둘이 앉아서 공부할 수 있는 기회를 줘서 고마워."

잘못을 인정하지 않고 친구 잘못이 더 크다며 도망가는 아이에게는 도망간 시간만큼 겨울방학 때 집으로 찾아가겠다고 내 계획을 조용히 이야기하면 된다. 피해를 봤던 아이들은 1학기 때보다는 덜하다고 좋아한다. 개구쟁이들이 그래도 조심해 주니 정말 고맙다.

상태가 자기를 놀렸다며 지형이를 때렸다. 태현이와 지형이는 서로 이야기를 하다가 상태를 만나 웃으면서 이야기했는데 상태는 자신을 놀리며 웃는다고 생각한 것이다. 아이들에게 문제지를 한 장씩 주었더니 문제를 풀 생각은 하지 않고 계속 싸운다.

"야, 물어보고 때려야지. 왜 물어보지도 않고 애를 때리고 난리야."

"네가 웃으니까 나는 나를 놀리는 줄 알고 때렸지. 왜 웃어."

싸우다 화가 나니까 상태가 밖으로 나갔다. 나머지를 해야 하는 현우는 상태를 따라 나갔다. 태현이는 약이 올라 울면서도 자리에 앉아 있다.

"다른 아이들은 도망을 갔는데 태현이는 남았구나. 고맙다. 화나고 짜증 나지만 약속이니까 문제를 풀었으면 좋겠다. 너는 10분이면 풀 수 있는 문제니까 빨리 풀어 봐."

교무실에 내려갈 일이 있어서 내려갔다 왔더니 상태도 현우도 다시 돌아와서 수학 문제를 풀고 있다. 숙제도 안 해 오고 학원도 안 다니고 공부 시간에는 장난이 심하지만 그래도 공부하려고 노력하는 모습이 기특하고 예쁘다.

국가 수준의 학력평가를 보았다

국가 수준의 학력평가를 봐야 하는데 우리 학교는 9월 21일부터 일주일 동안 '마을의 달인을 만나요'라는 이름으로 수업을 했다. 진도를 나가야 하는데 일주일을 머리로 하는 공부는 못 하게 된 것이다.

"선생님, 신 나게 논 다음에 열심히 공부하면 되지 뭘 걱정하세요."

아이들이 나를 위로한다. 우리 반 아이들은 수업이 끝나면 냇가로 수영하러 가고 고기를 잡으러 다니는 아이들이다. 도시에서 30년 동안 근무하시다가 9월에 기간제 교사로 오신 선생님은 아이들이 도시 아이들보다 순수하고 착하다고 하신다. 공부 스트레스 없이 자연과 마음껏 뛰어놀아서 행동은 거칠지만 마음은 참 밝다.

시험 준비를 한다고 전년도 기출문제를 뽑아서 시험을 보았다. 4학년 때부터 배웠던 내용이 가득했다. 읽을 것도 많고 생각할 것도 많아서 시험이 어려웠다. 시험지를 푸는 동안 아이들은 조용하다. 연극놀이를 하거나 토론 수업을 하면 장난을 치며 산만하던 아이들이 시험지를 푸느라고 정신없다. 참 편하다. 틀린 문제를 궁금해서 설명하니 잘 듣는다. 부모들은 아이들이 시험을 준비하느라고 책상 앞에 앉아 있으니까 뿌듯해할 것이다. 나는 힘들게 교재 연구를 하지 않아도 되고 아이들은 결과가 궁금하니까 열심히 푼다. 장난꾸러기 상태조차도. 그런데 처음에는 재미있게 풀더니 점점 싫다고 한다. 과목이 5개니까 시험을 5번은 봐야 하는데 큰일이다.

"뭐야, 왜 이렇게 안 풀리고 지랄이야. 뭐 이딴 게 다 있어. 짜증
나게."

"이런 문제를 언제 가르쳐 줬다는 거야. 배운 기억도 없는데."

"15개만 맞으면 되는 거죠? 더 이상은 풀지 말고 찍어야지."

"너 몇 개 맞았냐? 내가 더 많이 맞았다. 어이구! 찌질이들아."

"선생님, 순서가 바뀌었다고 틀리는 법이 어디 있어요. 제 생각
이 왜 틀린데요. 맨날 틀리대."

답은 정확해야 한다. 그러나 틀을 벗어난 생각이지만 "그래, 네
말도 맞아. 그렇게 생각해도 괜찮아"라고 말해 주고 싶다. 그런데
그러면 안 되는 것이 시험이다.

현우가 시험이 보기 싫다고 수학 시간에 교실에 들어오지 않았다.

"태현아! 현우가 왜 안 들어왔는지 잘 알아봐. 수업 시간에 왜 안
들어왔느냐고 소리부터 지르지 말고."

드디어 시험 날이 되었다. 아이들은 시험이 두려운지 교실에 들
어올 생각은 안 하고 운동장에서 축구를 한다. 정호와 내가 시험
보는 대형으로 책상을 바꾸고 청소를 했다. 9시가 다 되어 가는데
도 들어올 생각을 안 해서 교감 선생님이 들어오라고 부르니까 들
어온다. 국어 시험을 보는데 교실이 아주 조용하다. 시간이 다 되
니까 읽어야 할 글이 너무 많은데 언제 다 푸느냐며 짜증을 낸다.

시간이 모자란 친구들이 많았다. 국어와 수학보다 영어가 더 쉽다고 한다. 진호는 과학 시험지 1번을 풀면서 소리를 벅벅 지르며 화를 낸다. 어려운 문제는 아닌데 진호에게는 그림들이 정신이 없는 모양이다. 진호는 눈으로 보기에 복잡해 보이면 집중을 잘 못한다. 그 아이를 보면 웃음이 나온다.

국가 수준의 학력평가를 봐야 한다는 사람들의 입장을 이해한다. 교육자로서 아이들의 올바른 성장을 위해 제대로 된 평가를 하고 그것을 통해 더 많이 도와주려는 따뜻한 마음을 의심하고 싶지 않다. 그래서 나는 시험 결과를 가지고 아이들에게 비난하는 말은 절대 안 할 것이다. 열심히 풀었는데 많이 틀렸을 때의 허무함을 아는 어른으로서 할 일은 위로하는 일이다. 공부하기 싫다고 하면 그냥 놔두라는 아이의 부탁을 들어줄 것이다. 시험을 잘 봐서 기뻐하는 아이가 있으면 그 아이와 함께 기뻐해 줄 것이고 슬퍼하는 아이가 있으면 같이 슬퍼해 줄 것이다. 시험이 아이들을 도와주는 일보다 부작용이 크다는 것을 알면서도 그것을 막지 못한 내가 할 수 있는 일이 그것뿐이다.

마음을 보여 줘서 고마워

5학년 아이가 정말 미워요

학급 회의 시간의 주제가 '까부는 동생을 어떻게 할 것인가?' 였다. 그 동생은 5학년 여자아이였다. 한 시간 내내 그 아이를 흉보느라고 정신없다.

"제가 옷이 조금 젖었어요. 돌봄 교실로 들어가려고 했더니 들어가자마자 '바닥이 젖는단 말이야' 하면서 소리를 지르는 거예요. 5학년이 6학년인 저에게. 정말 어이가 없어요."

"5학년 남자아이를 여자아이들이 몰려와 때려서 제가 그 남자아이를 도와줬어요. 그랬더니 왜 도와주냐면서 욕을 하기에 같이 욕을 했더니 울면서 선생님한테 이르러 갔어요. 이르러 가서는요, 저는 발로 차지도 않았거든요, 그런데 선생님한테는 발로 찼다고 거짓말을 해요."

"저희가 놀면 왜 언니들만 노느냐고 옆에 와서 끼어들어서 같이 놀 수밖에 없는데 우리 반 남자아이들은 왜 개랑 노냐고 난리예요. 우리도 힘들어요."

"교회에서 다섯 살짜리 여자아이를 때리는 척했더니 그 여자아이가 달려와서는 나를 막 때려요. 정말 신경질 나요.”

　많은 이야기 중에 한 가지만 부탁해 볼 테니까 하나만 정하라고 했더니 우는 척하지 말라는 부탁을 하란다. 마음껏 이야기했으니 그 아이에 대한 미움이 조금은 식었으면 좋겠다. 5학년 여자아이도 마음속에 아픔이 많아서 그러는 건데 그것을 아이들이 어떻게 이해하겠는가. 나는 아직도 그 여자아이에게 아이들이 부탁한 말을 못 했다.

씨앗들의 여행

　오늘은 생태 교육이 있는 날이다. 1교시부터 4교시까지 전교생이 ‘씨앗의 여행’이라는 주제를 가지고 자연과 만나는 날이다. 박쥐와 나방 놀이도 하고 씨앗이 날아가는 것을 느끼게 해 주는 놀이도 했다.

　“나방과 나비의 차이점을 아니?”

　“나방은 앉아 있을 때 날개를 펴고 나비는 앉아 있을 때 날개를 접어요.”

　5학년 여자아이가 대답한다.

　“내가 잣을 가지고 왔어. 너희에게 하나씩 나눠 줄게.”

　“야, 너는 왜 그렇게 많이 받니?”

"뭐야, 너는 왜 일곱 개야. 두 개씩만 받으라고 하셨잖아!"

서울에서 전학 온 5학년 여자아이는 가만히 있다가 맨 나중에 받는다.

"받은 잣을 가지고 이리로 모이세요."

"벌써 다 까먹었는데요. 정말 맛있어요."

두 줄로 서서 도꼬마리 던지기도 했다. 씨앗 전체가 가시로 되어 있어서 잘 붙는다. 처음에는 6학년 아이들이 너무 힘껏 던져서 판에 붙지 않아 5학년에게 졌다. 다시 했을 때는 판의 성질을 잘 이용해서 6학년이 이겼다.

"야, 연기 난다. 연기 나."

씨앗을 관찰하라고 루페(확대경)를 주면 루페를 이용해서 낙엽에 불을 붙이고, 씨앗을 구해 오라고 하면 감을 따 와서 아이들에게 먹어 보라고 하고, 아이들은 떫다고 욕을 한다. 강사 선생님 말씀에 집중하지 않는 우리 반 아이들 때문에 수업이 갈수록 산만해진다. 좋게 넘어가려고 아이들을 다독거리시는 강사 선생님께 죄송한 마음이다.

'학교 주변에서 씨앗 찾아오기' 시간에 씨앗을 찾아다니다가 지형이와 함께 학교 앞에 있는 호두나무 밑에서 호두를 몇 개 주웠다. 씨앗 도감 만드는 시간에 우리 반 남자아이들은 호두를 보더니 네 명이나 호두를 딴다고 교문 밖으로 달려간다. 가 봐야 호두도 없다. 수업 시간에도 수업과 아무 상관없는 것들이 늘 아이들의 관심거리였다. 그런 아이들 특성 때문에 밖으로 나가기 전에 나는 협박성 발언을 했다. 강사님 말씀 잘 안 듣고 자기 마음대로 행동하는 사람은 그 수업을 받기 싫은 것으로 알고 교실에 올라와서 공부해야 한다고.

네 명에게 교실로 들어가라고 하니까 현우가 올라가지 않겠다고 버틴다. 지형이는 먼저 올라가고 제일 싫다는 현우를 억지로 끌어다가 교무실에 밀어 넣었다. 상태와 진호가 따라온다.

"교감 선생님, 이 아이들이 강사님 말씀을 안 듣고 자기들 마음대로 행동하면 교실에 올라가서 공부하기로 했는데 말을 잘 안 듣네요. 교감 선생님이 공부하고 싶은 마음이 들게 이야기 좀 해 주세요. 저는 먼저 올라간 아이가 있어 올라가겠습니다."

수업이 거의 끝날 무렵이었다. 아무리 기다려도 아이들이 올라오지 않는다. 점심을 먹으려고 내려갔더니 운동장에서 공을 차며 논다. 교감 선생님이 교실로 올라가라고 했는데 아이들은 운동장으로 간 것이다. 식당에도 먼저 가서 밥을 타다 밖에서 먹다가 식당 할머니께 혼났다고 한다. 수요일이라 특기적성 교육을 받아야 하는데 세 명이 버스를 타고 양평읍으로 나가 버렸다. 결국 나는 아이들을 읍내 피시방으로 쫓아 버린 것이다.

아직도 아이들을 너그럽게 품을 수 없는 나를 원망도 하다가 그래도 너는 괜찮은 아이라고 위로도 하다가 잠이 들었다. 아침에 일어나서 한 시간 동안 '어제 일을 따져 묻지 말고 오늘 일만 잘하자'고 마음을 다지고 다졌다. 아침이면 늘 운동장에서 놀던 아이들이 운동장에 없다. 교실에 올라갔더니 자기들끼리 이야기를 하다 멈춘다. 나를 피한다. 나를 피하는 아이들의 마음이 내게 전해진다. 어제 일은 묻지도 않았다.

"현우야! 오늘 숙제를 해 오기로 한 날인데 해 왔니?"

"아니요."

"그럼 오늘 남아서 하면 되겠다."

"네."

말을 안 들으면 나와 헤어지기 싫어서 떼쓰는 거라고 생각한다. 그것이 사실이 아니라도 나는 그렇게 믿는다. 의심해 봤자 내 마음만 아프니까 나는 나 좋은 쪽으로 생각한다. 나와 헤어지는 것이 싫어서 투정인 아이에게 내가 할 수 있는 일은 더 많이 웃어 주고 기다려 주는 일인데 그 일이 쉽지가 않다.

"우리가 하고 싶은 대로 하니까 더 재미있어요"

1학기부터 재량활동 시간에 영화 만들기를 배운 아이들이 시나리오도 쓰고 각자 배역도 정해서 영화를 찍었다. 카메라를 만지는 폼이 자연스러워진 아이들을 볼 때면 웃음이 나온다. 시나리오가 내 마음에 들지 않아도 아이들이 행복해하니까 아무 소리 못 하고 지켜만 본다. 아이들은 친구들 사이에서 있을 수 있는 싸움에 대한 영화를 찍고 싶어 했다. 이야기가 연결이 안 되고 마무리도 이상하다. 그런데도 아이들은 좋단다. 성우네는 노름을 하면 안 된다는 교훈을 주기 위해 카드놀이 하는 내용을 집어넣고 학교에서 일어나는 문제를 찍어야 한다며 2대 2로 나눠서 싸운다.

"야, 그래도 마약을 먹고 카드놀이 하다가 싸우는 것은 너무 어이가 없다."

"그래도 재미있잖아. 재미없으면 나는 안 할 거야."

"그래도 약 먹은 연기를 어떻게 하냐?"

"학교에서 일어나는 문제 상황은 뻔한 거 아니야. 애들이 재미없다고 할걸."

가만히 있었다. 어떤 내용을 선택하든 아이들이 찍어야 할 테고 찍다 보면 내용이 바뀔 수도 있고 아니어도 어쩔 수 없다. 감독님도 나와 같은 생각이신가 보다. 좋다, 나쁘다 말씀을 안 하시고 영화를 찍을 때 생길 수 있는 장점과 단점을 말씀해 주신다. 아이들은 재미있는 쪽보다 자신들이 할 수 있는 쪽으로 이야기를 풀어 나간다. 다행이다.

영화를 찍으면서 뭐가 그렇게 좋은지 계속 웃는다. 찍고 나서 다

마음을 보여 줘서 고마워

시 보기를 하면서도 웃느라고 정신없다. 나는 이야기 연결이 어려운데 아이들은 재미있단다. 감독님은 1학기 때 화면을 이렇게 저렇게 잡아 보라고 알려주시다가 "이 정도면 된 거죠?", "이렇게 찍으라는 거예요?"라며 하기 싫은 것을 억지로 하는 아이들 표정을 보고 묻기 전에는 말을 안 하기로 하셨다고 한다. 아이들의 자발성을 중요하게 생각하시는 감독님이 존경스럽다.

11분짜리를 편집하면 3분 정도 나온다고 한다. 편집한다고 컴퓨터실에 모여 앉아 있는 모습이 진지하다.

"야! 어렵다. 편집이 어려워요."

"같은 장면을 계속 보는 게 힘들어요."

"액션 사인도 편집하는 거죠?"

"중간에 조금 삭제하려면 어떻게 해요?"

"야, 너도 좀 해라. 힘들어 죽겠다."

네 명이 찍은 필름을 편집할 때는 두 명씩 나눠서 두 팀으로 했다. 컴퓨터 하나로 둘이 앉아서 편집하니까 한 친구는 구경만 하게 되었다. 구경이라도 하면서 도와주면 좋으련만 장난치고 딴짓만 한다.

성우는 빨리 끝났다고 좋아하고 현우는 잘 안 된다고 짜증을 내지만 그래도 오전 내내 화장실도 안 가고 앉아 있는 것을 보면 재미있는 모양이다. 아이들이 편집한 것을 다 보신 감독님은 "여러분, 그동안 수고 많으셨습니다. 보시고 마음에 들지 않는 곳이 있으면 집에서 다시 편집해 보세요. 이것으로 저는 더 가르칠 것이 없습니다. 오늘이 마지막입니다. 선생님 말씀도 잘 듣고 잘 지내세요"라며 가셨다. 영화가 너무 엉망이라 할 말이 참 많으실 거라 생각했는데 아이들이 수고한 것에 대한 마음만 헤아려 주고 가셨다. 아이들은 '수업을 안 하니까 마냥 좋은 것 외에는 정말 배운 것이 없을까?' 의심하게 할 만한 영화를 만들었다. 아이들 눈에는 아무 문제 없다는데 내가 문제 삼을 수 없었다. 어설픔을 인정하는 것. 교육은 그것부터 시작해야 한다고 생각하면서도 마음이 무겁다. 학부모님들을 모시고 발표회를 해야 하는데 아이들 작품을 보고 어떤 반응들이 나올까 겁이 난다. 내가 손을 더 봐야 할 것인지 아니면 아이들 작품을 그냥 보여야 할 것인지 고민하지만 나는 결국 아이들 작품을 그냥 보여 줄 것이다. 그리고 아이들 있는 그대로의 모습을 좋은 마음으로 볼 수 있도록 아이들이 작업한 과정과 인터뷰를 동영상으로 만들어 보여 드리려고 한다.

전교 어린이회

전교 어린이회 주제를 각 학년마다 받았다. 1학년은 운동장 사이좋게 사용하는 방법. 2학년은 남의 자전거 함부로 사용하지 않기.

　　　　　　　　　　　　마음을 보여 줘서 고마워

3학년은 선배가 괴롭혀요. 6학년은 후배가 까불어요. 전지 크기의 종이에 각 학년의 의견을 적어서 식당에 붙여 놓았다. 아이들이 스티커를 붙여서 정한 주제는 '선배가 괴롭혀요'와 '후배가 까불어요'이다. 전교 어린이회장이 사회를 보니까 매일 떠들던 6학년이 조용히 앉아 있다. 태현이는 아이들과 노는 것을 좋아하면서도 자신이 해야 할 일에 대한 책임감은 있다. 친구들이 생태체험학습 시간에 호두 따러 나가는데도 따라가지 않고 강사 선생님 말씀을 듣고 자신이 해야 할 일을 한 아이다. 전교 어린이회를 할 때면 다목적실을 청소해야 하는데 그 일도 열심히 한다.

후배들은 선배들 때문에 힘들다는 이야기를 하고 선배들은 후배들 때문에 힘들다는 이야기를 한다. 1학년 남자아이가 옆에 앉아 있는 2학년 누나 팔을 툭 치고 씩 웃는 모습이 나는 귀여운데 2학년 누나는 화를 낸다. 회의 시간에는 선배들보다 동생들이 말을 많이 했다.

"이렇게 문제가 많은데 이 문제를 어떻게 해결하면 좋겠습니까?"

회장의 말에 아이들은 여러 가지 의견을 내놓는다.

"선생님들이 특별 지도를 해 주세요."

"2학년이 먼저 폭력을 안 쓰면 우리도 안 합니다."

"모두 다 안 까불면 돼요."

"선배들을 존경하면 됩니다."

선배들에게 먼저 까불지 않을 사람 손들어 보라는 회장의 말에 후배들이 모두 손을 든다.

선생님들이 박수를 치니까 서로 박수를 치며 끝났다. 전교생 63명이 모두 앉아서 하고 싶은 말을 한다는 사실이 참 예쁘다.

"선생님, 저희 반 아이 엄마가 상태를 혼내라고 하시는 거예요. 자기 딸을 매일 툭툭 때린대요. 그래서 제가 그랬어요. 6학년 선생님은 자기네 반 아이들을 꽃이라고 생각하는데 제 꽃이 중요하다고 남의 꽃밭을 망치면 안 되지 않느냐고. 그랬더니 그 엄마가 웃더라고요. 저 말 잘했죠?"

내 마음을 알아주시는 유치원 선생님이 고맙다.

원어민 선생님이 떠나셨다

작년 10월부터 우리 학교에서 근무했던 영어 선생님이 재계약을 못 하고 충청도 어느 초등학교로 떠났다. 그 학교는 되는데 왜 우리 학교는 안 되는지 며칠 동안 마음이 아팠다.

"선생님! 아이들에게 스스로 공부할 수 있는 힘을 길러 주려면 숙제를 내 주고 자기 힘으로 해결할 수 있도록 도와줘야 합니다. 매일 교실에서 데리고 숙제를 하면 안 됩니다."

"아침에 스텝 앤 점프 읽기를 시키는 것은 옳지 않습니다. 아이들이 수업 시간에 집중할 수 있도록 하려면 다른 것으로 피곤하게 만들면 안 됩니다."

옆 교실에 계시면서 내가 하는 일에 조언을 많이 해 주었지만 기분이 나쁘지 않았다. 그분을 존경하기 때문이다. 아이들이 수업 시간에 딴짓하면 혼내지만 수업과 관계없는 이야기와 행동을 해도 수업에 참여만 하면 너그럽게 웃어 준다. 어떤 말대답을 해도 비난하는 말이 아니면 그럴 수 있다고 받아 주는 분이다.

"너랑 이야기하고 싶지 않아. 영어를 못하니까 알아들을 수가 없어. 글로 써 오면 좋겠어."

담당자가 아닌 내가 학교 계획을 전해 줬을 뿐인데 당신과 생각이 조금 다르면 아주 무섭게 화를 냈다. 나뿐만이 아니라 다른 선생님들도 이런 대접을 받았다. 선생님들은 가까이 하기 힘들어하면서도 될 수 있으면 우리와 계속 함께하길 원했지만 선생님은 떠나야 했다. 선생님은 늘 수업 시간에 아이들 수만큼 봉투를 만들어 가지고 들어오는데 그 속에는 영어 단어들이 들어 있었다. 단원에 나오는 단어들을 복사하고 아이들 수만큼 가위질을 했을 선생님을 생각하면 나에게 싸늘하게 대하는 것은 별문제가 안 된다. 영어 수업을 제대로 하는 분을 만난 것만으로도 아주 행복했다.

가을이가 가을에 왔다

실과 수업 중에 동물 기르기가 있다. 애완견 기르기를 하기 위해 연희가 6개월 된 개를 데리고 학교에 왔다. 집중을 잘 못하는 아이들에게 가을이가 나타났으니 수업 시간이 강아지를 부르는 소리로 시끄럽다. 일주일이 지나도 가을이에게만 정신을 쏟아서 가을이를 그만 데리고 오라고 말하고 싶었다. 그런데 수학을 특수반 선생님과 같이 공부하는 연희가 가을이 때문에 기가 살았다는 말을 듣고는 연희가 데리고 오고 싶어 할 때까지 그냥 놔두기로 했다. 가을이는 아이들 책상 옆에서 자기도 하고 내 발밑에 와서 앉아 있기도 한다. 교실에 가을이가 돌아다니니까 내 마음이 따뜻해진다. 남자아이들이 가을이를 안고 돌아다니는 것을 보면 참 예쁘다. 때와 장소를 잘 가려 주면 좋겠지만 그것이 잘 안 되는 아이들이니까 조금 더 기다려 주면 된다.

"야! 빨리 문 열어 줘. 가을이 똥 누러 가고 싶은가 보다. 낑낑대잖아."

"뭐야, 똥도 싸고 오줌도 쌌잖아. 누가 치울 거야."

"가을이 너 돌아다니지 마. 발에 오줌 묻었잖아."

내가 조용히 가서 똥과 오줌을 치웠다. 가을이를 귀여워해 주는 우리 반 야생마들의 몸짓이 내 마음을 따뜻하게 만든다. 강아지가 돌아다녀도 문제 삼지 않는 우리 학교가 참 좋다.

마음을 보여 줘서 고마워

내 딸이 수능 시험을 보았다

"엄마, 여기 앉아 봐. 내가 공부를 못하는 것은 다 엄마 때문이야. 아이가 뭘 알겠어. 학원을 안 다니고 싶어 한다고 학원을 안 보내는 엄마가 어디 있어? 어렸을 때는 놀아 주지도 않고 드라마만 보던 일 기억나? 엄마는 늘 짜증만 냈잖아. 그 어린아이가 수학을 못할 수도 있지! 그것도 모르느냐는 듯 어이없어하며 쳐다본 것도 다 기억난다고. 엄마가 나에게 해 준 것이 뭐가 있어? 아무것도 없잖아. 지금 나를 봐. 코도 못생기고 이빨도 고르지 않고 눈도 작고. 엄마 아빠는 코도 예쁜데 왜 나만 이렇게 생긴 거야."

"미안해. 엄마도 머리는 좋지 않았어. 나쁜 머리로 공부하느라고 정말 힘들었어. 너도 나를 닮아서 힘들 거야. 정말 미안하다. 그냥 욕심내지 말고 네가 할 수 있는 만큼만 열심히 하면 안 될까?"

"엄마! 착한 척하지 마. 매일 미안하다고 하고. 그러면 되냐고. 뭐야, 대학을 가야 하는데, 무슨 엄마라는 사람이 매일 10시에 잠이나 자고. 엄마가 자니까 밤늦게 오면 빈집에 들어오는 거 같잖아. 그리고 토요일이면 1박 2일로 볼일 보러 다니고. 내가 얼마나 싫어하는지 엄마는 모르지? 엄마 마음 편하라고 내가 괜찮다고 하니까 계속 그러고."

공부 때문에 받은 어려움이 극에 달하면 고1 때부터 1년에 서너 번은 나를 앉혀 놓고 한 시간 동안 내 속을 뒤집어 놓는다. 억울한 부분도 있지만 딸아이 말이 다 맞다. 그래서 미안하다고 하면 착한 척 좀 그만하라고 화를 낸다. 어쩌면 나를 그렇게 많이 닮았는지. 나도 부모님 속을 많이 썩인 딸이었다. 말대답을 꼬박꼬박 하고, 고집이 아주 세서 자기가 제일인 줄 알고 컸다. 늦게 깨우면 늦게 깨운다고 화내고 일찍 깨우면 일찍 깨운다고 화내며 자랐다. 우리 엄마는 늘 "집에서 새는 바가지 밖에서는 안 새겠느냐"라고 걱정을 하셨지만 나는 밖에서는 어른들 말씀 잘 듣는 아이였다. 부모님은 나를 이기지 못하셨다.

"명숙아! 다시 생각해 봐라. 그렇게 화낼 일이 아니다."

내가 신경질을 낼 때마다 아버지께서는 조용하게 말하는 법을 가르쳐 주려고 애쓰셨다. 화내지 않으시면서 조용히 타이르셨다. 나를 닮은 아이를 볼 때마다 마음도 아프고 웃음도 나오고 걱정도 된다. 첫아이를 낳는 순간 내가 부모님께 무엇을 잘못했는지 자연스럽게 알게 되었을 때의 놀라움을 내 자식들에게도 느끼게 해 주고 싶다. 내가 사랑받고 있었다는 것. 어떤 잘못이든 용서받았을 때의 편안함. 그리고 미안하고 죄송스러운 마음과 함께 후회가 밀려왔다. 지금은 부모님 말씀이면 뭐든지 다 "그렇게 해요. 그러면 좋겠네"라고 말하게 된다. 수능을 끝낸 딸아이는 좋은 성적을 얻지는 못했지만 후회는 없다고 한다.

"엄마! 나 생각났어. 엄마가 나만 보면 재미있는 표정을 지으며 웃어 주던 일 생각났어. 지금은 엄마하고 사이좋았던 일만 떠올라. 그리고 내가 난리 쳐도 혼내지 않으니까 엄마가 나를 믿고 있다는 생각은 들어. 너무 좋아하지 마. 엄마 좋으라고 하는 소리가 아니고 내가 스스로 잘 컸다는 이야기를 하는 거야."

아이들에게 매일 당한다. 그러나 괜찮다. 그 대가로 아이들 마음을 알 수 있기 때문이다. 아침저녁으로 한 시간씩 마음 닦기를 하고, 퇴근 후에는 요가를 하고 밤 10시에 자면 몸과 마음이 가벼워진다. 몸과 마음이 가벼워지면 상처받을 일이 줄어든다. 아이들의 표현 방법이 점점 다양해진다. 화내고 욕하는 아이를 보면 더 재미있다. 아이들은 내가 제일 만만하기 때문에 졸업하는 날까지 내 마음을 뒤집어 놓을 것이다. 아이들 때문에 마음이 아픈 것은 잠깐이고 나를 믿고 마음을 보여 준 아이들이 고맙다. 아이들과 잘 지내고 있는 나 자신이 자랑스럽다.

마음을 보여 줘서 고마워

너희 때문에
내 마음도 자란다

왜 열이 안 오르는 거야

신종플루 때문에 많은 학교가 휴교를 했다. 교실에 들어와 보니 남자아이들이 머리를 축열기 위에 올려놓고 있다. 운동장에서 축구를 하느라고 뛰어서 덥다며 선풍기까지 틀어 놓고 머리는 축열기 위에 올려놓고 있다.

"더우면 창문을 열고 자리에 앉으면 되지, 왜 그러고 있냐?"

들은 척도 안 한다. 참 이상한 일이다. 보건 담당 선생님이 오셔서 아이들 체온을 재신다.

"36도."

"뭐야? 왜 이렇게 낮은 거야."

그때 알았다. 온도를 높여서 신종플루라고 속이고 집에 가려던 계획이었다. 그렇게 병에 걸리고 싶어 했건만 우리 반 아이들은 신종플루에 걸린 아이가 없다. 휴교도 안 했다. 아이들은 아쉬워했지만 나는 아이들이 자랑스러웠다. 야생마처럼 운동장과 동네를 뛰어다닌 만큼 건강한 몸을 가지고 있는 아이들이 대견스럽다.

나는 정말 놀고 싶어요

정호를 생각하면 마음이 짠하다. 5학년 때 비하면 많이 좋아졌지만 미안함은 미안함대로 남는다. 정호 어머니께서 우리 반 아이들을 초대하자고 말했더니 정호는 '학교에서도 힘든데 왜 집에까지 데리고 와서 힘들어야 하냐'며 싫다고 했단다. 그 말을 듣고 아이들에게 제안했다.

"한 달 안에 정호 마음을 가져 봐. 정호가 너희 중에 한 명을 데리고 집에 놀러 가면 그 친구가 이기는 건데 안 해 볼래?"

"그걸 왜 해요?"

모두 비웃는데 성우와 지형이는 해 보겠다고 한다. 결국 성우가 한 달 만에 정호네 집에 가서 놀다 왔다. 그러나 그때뿐이었다. 정호와 성우는 좋은 친구가 되기 힘들었다. 방학하기 전에 〈날아라! 허동구〉라는 영화를 보여 주고 떠오르는 친구를 쓰라고 했다.

내가 4학년 때 전학을 와서 아이들이 놀리면 받아들이지 못해서 많이 힘들었고, 아이들이 만지면 화를 내고 성질을 냈다. 공부를 따라 하기도 어려웠다. 리코더는 불지도 못했다. 글씨도 엉망으로 썼다. 그런데 지금은 가끔 틀리지만 글씨는 상당히 예쁘게 잘 쓴다. 체육 할 때는 티볼을 하는 게 가장 힘들었다. 지금 6학년 때는 많이 좋아졌다. 중학교 가서는 더 잘할 것이다. 윤정호

〈날아라! 허동구〉를 보면서 정호 생각을 했다. 4학년 때 정호가 전학 왔을 때 나는 그냥 '전학을 왔구나'라고 생각했다. 나는 정호랑 놀려고 하면 정호가 짜증을 내서 왜 그러는지 몰랐다. 그래서 물어보면 "왜, 왜, 왜"라고 신경질을 부려서 못 물어봤는데 지금은 물어도 짜증을 안 부리니까 기분이 좋다. 정호가 짜증을 부리면 나도 괜히 정호가 싫어지고 나도 모르게 정호랑 놀면서 짜증을 부리게 된다. 지금 6학년 때는 정호가 짜증을 부리지 않아서 좋다. 중학교도 같은 양일중학교에 다니게 되었다. 중학교 가서도 친하게 지내고 싶다. 음식 만들기를 하면 정호는 늘 간편하고 쉬운 것만 선생님이 시켜서 싫었다. 그러나 지금은 그 이유를 안다. 양평에 살기 때문이고 버스를 타고 다니니까 그런 거다. 채연희

5학년 마지막에 우리 반 아이들과 모두 텀블링장에 같이 갔던 일이 기억난다. 그때는 우리 반 아이들이랑 정호가 조금 친해서 같이 갔다. 정호가 돈이 없어서 아버지를 기다리는데 아버지가 늦게 오셨다. 정호가 성질을 냈는데 우리 반 아이들이 "그럴 수도 있지", "정호야, 괜찮아" 이렇게 말해 준 것이 기억에 남는다. 그런데 요즘에는 정호가 뭘 알려 주면 성질을 내서 연희하고 내가 기분 나빠한 적이 있다. 정호는 우리친구반 선생님을 좋아하고 편안해한다. 사회 시간과 수학 시간에 내려가서 공부하니까 우

리친구반 선생님이 좋고 우리친구반을 편안하게 생각하는 것 같
다. 정호는 말을 더듬는다. 난 그걸 가지고 놀린 적이 있다. 미안
하다. 못하면 제대로 하라고 구박한 적이 있다. 미안하다. 4학년
때는 정호가 농구공을 던졌는데 내가 맞았다. 울면서 정호에게 욕
을 했더니 정호가 놀라서 울었다. 그땐 내가 어이가 없었고 당황
했다. 맞은 건 난데 내가 욕을 해서 울다니 정말 어이가 없었던 기
억이다. 나와 다르다고 정호를 싫어했던 것도 미안하다. 유수현

※ 우리친구반은 세월초의 특수학급이다.

4학년 때는 정호와 말을 잘 안 했다. 이유는 나랑 정호가 생각하
는 것 등 다른 게 있기 때문이다. 5학년 때는 정호와 말을 했다.
그렇지만 정호와 이야기할 때 정호가 솔직하게 말을 안 해서 불편
했고 6학년 때는 정호가 익숙해져서 말을 걸기가 쉬워졌다. 4학
년 때는 도와주고 싶었지만 매일 없었던 이야기를 지어내고 물
건을 던지고 화를 내서 처음에는 불편했다. 지금은 우리한테 이
야기도 해 준다. 처음에는 도와주고 같이 친하게 지내려고 했는
데 점점 시간이 지날수록 안 놀게 되었다. 미안하다. 중학교 가
서 정호와 같은 친구를 만나면 도와주고 싶다. 정호가 양일중학
교에서 좋은 친구를 만났으면 좋겠다. 심대현

너희 때문에 내 마음도 자란다

4학년 때는 같이 안 놀고 5학년 때는 욕하면서 놀렸다. 친하지도 않았다. 6학년 때는 4, 5학년 때보다는 나아진 것 같다. 강진호

정호는 아무 말도 안 하고 우리한테 아무 신경도 안 써서 잘 모르겠다. 허동구는 아이들에게 관심도 많고 말하면 바로 대답도 해 준다. 허동구가 좋아하는 건 알지만 우리는 정호가 무엇을 좋아하는지 잘 모른다. 그래서 아무것도 할 수가 없다. 4학년 때는 정호가 장애인이라고 생각해서 많이 놀리기도 했다. 5학년 때는 우리와 거의 다 같다는 것을 알 수 있었다. 6학년 때는 정호와 놀지도 못했고 우리가 너무 많이 괴롭힌 것 같다. 임현우

나는 진짜로 정호와 놀고 싶다. 그런데 내가 놀지 않는 이유는 게임을 하게 되면 정호가 이해를 하지 못하고 계속 실수를 해서 짜증이 나서 재미가 없어진다. 이렇게 쓰면 선생님은 계속 가르쳐 주라고 하겠지만 우리 나이엔 다섯 번까지는 도와준다. 그러나 그 이상이 되면 짜증이 나고 힘들어서 그만두게 되는 것이 정상이다. 또 내가 이런 글을 쓰면 "아닌데"라고 말하는 아이들이 있을 것이다. 그럼 너희가 정호에게 원카드를 가르쳐 줘. 너희가 나보다 인내심이 많잖아. 정호가 원카드를 잘하게 되면 나는 그때는 놀 수 있다. 나는 참 친해지고 싶다. 하지만 나는 그런 것에

12월 이야기

서툴다. 하지만 친하게 지내고 싶다. 이성우

외로운 정호도 함께 놀아 줄 수 없었던 우리 반 아이들도 서로 다름을 인정하면서 공존하는 법을 배웠을까?

"여보, 내가 뭘 잘못한 거 같아. 〈날아라! 허동구〉에서는 허동구에게 친구가 생기는데 우리 정호에게는 놀아 줄 친구가 없어. 내가 뭔가를 더 해야 했는데 못 한 거 같아."

"또 시작이다. 영화니까 가능한 거야. 현실에서는 이뤄지기 어려우니까 영화가 만들어지는 거야. 당신은 매번 영화랑 현실이랑 구분을 못 하고 그러더라. 당신 잘못이 아니야. 현실은 원래 그런 거야."

남편이 위로하는데도 내 마음은 편하지 않다.

"괜찮아, 그러면서 크는 거야"라는 말을 못 했다

학예회를 하기 위해 특별히 준비한 것이 없다. 수업 시간에 배운 영화를 상영하면 되고 아이들이 하고 싶다는 차력 쇼를 하면 된다. 12월 학년 말이면 6학년 아이들은 모든 일에 다 심드렁하다. 그런 아이들이 차력 쇼를 한다고 해서 무조건 하라고 했다. 나에게는 보여 주지도 않는다.

"내가 도와줄 일이 있으면 도와줄게. 준비물이 필요하면 말해.

너희 때문에 내 마음도 자란다

내가 사 올 테니까."

"그래요? 그러면 까나리액젓을 갖다 주세요."

"왜?"

"성우가 먹어야 하거든요."

아이들이 나에게 왜 보여 주지 않았는지 알겠다. 나는 까나리액젓은 너무 심하니까 다른 것을 하면 어떠냐며 아이들 부탁을 들어 주지 못했다. 그날 아이들은 마늘도 먹고 레몬도 먹고 사이다를 마시다가 바닥에다 뱉고 자기들이 제일 좋아하는 4학년 선생님을 모시고 오더니 선생님 다리에다 테이프를 붙였다 떼내기를 몇 번씩 했다. 사이다는 한 캔을 한 번에 다 마시기로 했는데 한 아이가 먹다가 바닥에 뱉으니까 다섯 명이 모두 따라 했다. 계획에도 없는 일이 벌어진 거다. 선생님들은 걸레를 들고 무대를 치우느라고 난리였다. 부모님들은 아이들이 질서도 없고 영화 내용은 폭력적이였다며 재작년 학예회와 비교하시며 실망하고 돌아가셨다.

교실로 돌아온 아이들은 자신들이 만든 영화가 상영될 때 창피해서 도저히 볼 수가 없었다고 한다.

"선생님, 저희가 봐도 무슨 내용인지 잘 모르겠는데 어른들이 이해를 했을까요?"

성우가 정말 부끄럽다며 한 말이다. 내가 몇 번이고 다시 고치길 원했지만 아이들은 괜찮다고 했다. 너무 완벽하다고 했다. 그런데 자신들의 부족을 스스로 알게 된 것이다. 참 기특한 아이들인데 내가 너무 지쳐 있어서 아이들을 제대로 위로해 주지 못했다.

"괜찮아, 그러면서 크는 거야. 걱정하지 마."

이 말을 못 했다. 내가 왜 그 말을 못 했는지 내 자신이 실망스러웠다. 멋진 어른이 될 좋은 기회를 놓칠 만큼 나는 지쳤단 말인가?

"우리를 믿고 하시는 말씀이니까 우리가 잘해 보자"

교무부장인 남궁역 선생님이 학부모님들께 학예회 평가와 내년 교육과정에 대한 부모님들 의견을 말씀해 주십사 하고 부탁을 드렸다.

"보여 주기 위한 연습이 아니라 자율성을 허용한 것이 참 좋았습니다. 아이들이 정말 하고 싶은 것을 해서 아이들이 행복했을 것이라는 생각을 했습니다."

"무질서한 모습을 보는데 괜히 제 얼굴이 붉어졌습니다. 왜 선생님들은 아이들을 가만히 두셨는지 이해하기가 힘듭니다."

"지금 아이들을 6년 전부터 지금까지 비교하게 됩니다. 능력이

너희 때문에 내 마음도 자란다

많은 아이들입니다. 아이들 잘못이 아니라 선생님들이 손을 놨다는 느낌이 듭니다."

"저는 지루했는데 한편으로는 기뻤습니다. 스스로 평가하고 바로잡을 기회를 아이들에게 주셨다는 것이 감동적입니다."

"잘 들리지 않았던 것이 가장 큰 문제라고 생각합니다. 녹음해서 들려주셨더라면 좋았을 것입니다. 무대 앞에 선 아이만 잘 보입니다. 줄을 바꿔서 뒤에 있는 아이도 앞에 나올 수 있는 기회를 주셨더라면 더 좋았을 것입니다."

"관람하는 태도 또한 문제입니다. 배우가 말이 막힐 정도로 함부로 행동하지 않도록 지도를 해야 한다고 생각합니다."

"한 학급에 열다섯 명 이하인데 왜 공부를 못하는지 깊이 연구해 주시면 좋겠습니다. 사교육이 없어지려면 학교에서 아이들의 학력 문제를 책임져야 한다고 생각합니다."

"고학년 아이들은 자체적으로 연습한 것 같습니다. 자율성 때문에 신선하다고 생각하시는 분도 계시지만 고학년들은 선생님이 연습을 안 시키셨다는 생각을 하게 됩니다. 퇴보했다는 느낌입니다."

"교육방송을 보면 전국에서 꼴찌인 학교 아이들을 상위권으로 끌어 올린 학교가 있습니다. 선생님들께서 잘하시겠지만 건강한 신체만 지향하고 있는 것은 아닌지 걱정이 됩니다."

"졸업생들이 마을에 같이 살면서 후배들에게 좋지 않은 영향을 주는 것에 대한 불안함이 있습니다."

"흙을 밟고 마음껏 뛰어놀 수 있는 학교라 좋지만 최소한의 규범은 있어야 한다고 생각합니다. 너무 자유로워서 예의가 없다는 생각을 하게 됩니다. 인사도 안 하고 선생님께 예의 없이 행동하는 모습은 옳지 않다고 생각합니다. 독서록, 일기 쓰기는 의무적으로 습관처럼 할 수 있도록 지도해 주시면 좋겠습니다."

"재미없어하는 것을 재미있게 만드는 것이 선생님들이 하실 일이라고 생각합니다. 아이들 수가 적으니까 아이들 상황을 잘 파악하셔서 하고 싶은 마음이 생길 수 있도록 만들 수 있지 않을까요?"

"이 좋은 환경에서 아이들의 성향을 사랑으로 파악하셔서 자존

감도 세워 주고 재미있게 공부하도록 돕는 것이 선생님의 역할이라고 생각합니다. 게임처럼 재미있는 공부를 할 수 있도록 돕는 학교가 되길 바랍니다."

좋은 말씀도 해 주시고 잘못된 부분도 지적해 주셨는데 왜 잘못했다는 이야기만 귀에 들어오는지 모르겠다. 마음이 많이 아팠다.

"교무 선생님, 부모님들이 우리를 믿으니까 하고 싶은 말씀을 다 하신 거죠?"

"처음 들을 때는 섭섭한 마음이 있었는데 생각해 보니까 우리를 믿고 계신 것 같아. 학부모님들이 생각하고 계신 것을 우리가 아닌 다른 사람들에게 이야기한 것을 나중에 듣게 되면 더 힘들었을 거야. 우리를 믿고 하시는 말씀이니까 우리가 잘해 보자."

남궁역 선생님 말씀을 듣고 내 마음을 아프게 했던 경은이 어머니에게 전화했다.

"경은이 어머니! 학예회 반성 때 까칠하게 하신 말씀들은 다 저희를 믿으니까 하신 말씀이지요?"

"선생님! 제가 원래 말을 시작하면 까칠하게 말을 해서 여러 사람을 힘들게 해요. 말을 하고 나서 전화를 드려야 하나 많이 망설였어요. 제 마음과 다르게 이해하시면 어쩌나 하구요. 그런데 이렇게 전화를 주셔서 감사합니다. 그래서 제가 세월초를 사랑합니다."

전화하고 나니 여러 가지 억울함과 속상함이 확 사라진다. 참 신기하다.

너희 때문에 내 마음도 자란다

맛있는 사랑을 주고 싶다

수업이 바뀌면 학교가 바뀐다

 방학 동안에도 나는 내가 무엇을 잘못했는지 무엇 때문에 지쳐 있는지 궁금했다. 《수업이 바뀌면 학교가 바뀐다》는 책을 읽고 내가 무엇을 잘못했는지 알게 되었다. 아이들을 기다리긴 했는데 그 기다림은 언제나 아이 편에 서서 문제를 해결하기 위한 것이 아니었다. 가을이를 교실에서 키웠던 아이들은 고양이도 키우고 싶어 했다. 그래서 어린 들고양이를 가지고 왔다. 그러면 그때부터 야생 동물이나 고양잇과에 대한 공부를 시작하면 된다. 아이들이 얼마나 행복해했을까? 나는 그러지 못했다. "왜 엄마 고양이에게서 새끼 고양이를 데리고 왔느냐"고 따져 묻고 "들고양이 몸에는 많은 세균들이 있다"며 아이들 기를 죽였다. 늘 그런 식이었던 것이다. 공부 시간에 화를 내는 아이가 있으면 화가 가라앉을 때까지 기다렸다가 내가 한 일은 공부 시간에 못 한 공부를 가르친 것이다. 그 아이의 마음을 풀어 주는 일에 힘을 쓰고 위로하고 격려하며 재미있게 놀아 주는 일을 못 했다. 아이들을 혼내지도 않았는데 아이들은 나에게 불만이 많았다. 나를 믿고 따를 만큼 내가 아이들 마음을 사로잡지 못한 것이다. 얼마나 미안한지 모르겠다.

너희 마음을 알아주지 못해서 미안하다

개학을 했다. 아이들은 개학식을 하는데 여전히 장난을 치며 실
실 웃는다. 교실에 와서도 서로 큰소리로 떠들고 싸운다.

"미안하다. 2년 동안 내가 너희에게 잘했다면 지금쯤은 너희가
내 말을 들어 주고 싶었을 거야. 그런데 여전히 내 말을 들어 주지
않는 것을 보니 내가 잘못한 것이 많은가 보다. 무엇이 제일 섭섭
하고 힘들었는지 써 보자."

아이들은 수업 시간에 늦게 들어온 시간만큼 노는 시간에도 공
부한 것이 마음에 안 들었고, 나머지 공부 시킨 것도 싫다고 했다.
툭하면 자신의 생각을 쓰라는 것도 마음에 안 든단다.

"수학 시간에 수학 대신 무엇을 하면 나에 대한 원망이 사라질
까? 너희 마음을 알아주지 못해서 미안하다. 너희가 하고 싶어 하
는 것이 있으면 내가 들어줄게."

아이들은 만들기를 하고 싶다고 한다. 운동장에 나가 노는 것과
컴퓨터 게임을 원했지만 내가 가만히 있으니까 만들기를 하자고
한다. 찰흙으로 캐릭터를 만들겠다며 컴퓨터에서 캐릭터를 찾다가
노래를 찾아 듣기 시작한다. 아이들이 듣는 노래가 나를 당황하게

맛있는 사랑을 주고 싶다

한다. 〈팬티 송〉을 들으면서 좋아하는 아이들이 참 낯설다. 아이들이 좋아하는 것을 나는 좋아할 수 없었다. 2시간 동안 노래도 듣고 만들기도 했지만 아이들은 만들기엔 흥미를 잃은 상태였다. 찰흙으로 서로 싸우다 동영상을 보며 웃다가 만들기 시간을 끝마쳤다. 수학책은 진도를 다 나갔는데 수학익힘책은 몇 장 남았다. 집에서 숙제로 하겠다고 나를 안심시키는 것도 여전하다.

슬프고 힘들었던 일은 모두 학교에 두고 떠나시기 바랍니다

작년 이맘때 내가 6학년 담임을 한다고 하니까 딸아이가 "졸업식이 겹치면 어떻게 해?"라며 걱정을 했다. 딸아이 학교로 전화를 걸어 알아봤더니 우리 학교 하루 전날이 졸업식이다. 참 다행이라고 생각했지만 막상 졸업식 준비 때문에 바빠지니까 정신이 하나도 없다. 딸아이는 정 바쁘면 자기 졸업식에는 안 와도 된다고 한다. 그러던 아이가 졸업식에 갔더니 "엄마, 얘가 나랑 같은 대학에 가는 애야. 이리와 같이 사진 찍게. 아빠는 어디 있어? 아빠 여기!" 하면서 우리를 이리저리 끌고 다니면서 사진을 찍느라고 정신없다. 나는 안다. 졸업식에 안 왔으면 죽을 때까지 나를 원망했으리라는 것을. 학원도 자기가 싫다고 해서 보내지 않았는데 나중에는 아이 말만 듣고 학원도 안 보낸 무심한 엄마가 되어 있었다. 딸아이가 기분 좋을 때 "정말로 하기 싫은 공부를 억지로 시키길 바랐던 거야?"라고 물으면 아니라고 한다. "그때는 공부가 잘 안 되니까 억지를 쓴 거지"라며 마음 쓰지 말라고 한다.

딸아이와 함께 점심을 먹고 학교로 다시 돌아왔다. 우리 반 아이들은 나 없이 졸업식 연습을 한 것이다. 아이들에게 졸업식 연습은 잘했느냐고 물었더니 아주 잘했단다. 개학하자마자 노래 연습도 하고 졸업생들이 하고 싶은 말을 하는 시간에 무슨 말을 할지 연습도 했으니 잘했을 것이다.

"교무 선생님, 우리 반 아이들 졸업식 연습 잘했죠?"

자신만만하게 묻는 내 얼굴을 걱정스러운 표정으로 바라보시며,

"선생님! 아이들이 말 안 해요? 원고가 선생님한테 있어서 못 하겠다고 해서 안 했어요. 아이들이 무슨 말을 해야 할지 모르는 것 같은데 내일 졸업식엔 잘할지 걱정이야"라고 하신다.

졸업식은 오전 10시에 시작한다. 아이들은 9시에 교실에 모였다. 졸업식장 앞엔 3학년 김도현 선생님이 아이들 사진을 크게 뽑아서 전시해 주셨다. 그 사진을 보고 상태가 돼지라고 놀렸다며 수현이가 운다.

"선생님, 제 사진은 치우면 안 돼요? 상태가 자꾸 놀려서 싫어요."

"수현아! 미안해. 그건 내가 한 게 아니야. 3학년 선생님이 너희가 졸업한다고 축하하는 마음으로 해 놓으신 거야. 사진도 그 선생

　　　　　　　　　　　　　맛있는 사랑을 주고 싶다

님이 찍으셨잖아. 치우고 싶으면 3학년 선생님께 허락을 받아야 하는데 어쩌지?"

수현이는 화가 나지만 그냥 참기로 했나 보다. 조용히 자리에 가서 앉는다.

"졸업생이 하고 싶은 말을 하는 시간을 다른 것으로 바꿔야 한다면 우리 바꿉시다. 정말 못 하겠니? 나에게 원고가 없다는 것은 여러분이 더 잘 알고 있습니다. 정말 힘들면 안 해도 괜찮으니까 무엇을 할지 이야기해 봅시다."

"저는 하고 싶은데요."

성우다. 한참 있다가 상태도 해 보겠다고 하고 태현이도 하겠다고 한다. 그러더니 모두 해 보겠다고 한다. 떨리고 어색한 순간을 이겨 보겠단다. 고마운 일이다. 교육계뿐만 아니라 여러 기관에서 상과 장학금을 주기 때문에 아이들은 2개 이상씩 상을 받았다. 아이들이 한마디씩 하는데 눈물이 핑 돈다.

"저는 졸업을 하면서 성우에게 미안하다고 말하고 싶습니다. 성
우야! 미안하다. 우리가 놀이할 때 너만 많이 때린 것 같다. 정말
미안하다." 김상태

"3학년 선생님, 감사합니다. 저희와 공기를 하며 놀아 주셨지요.

다시 2월 이야기

감사합니다." ^{유수현}

"우리 반 친구들은 장난이 심해서 문제아라는 소리를 많이 들었
습니다. 친구들이 나를 힘들게 할 때도 많았는데 그건 친하기 때
문이라고 생각합니다. 친구들아 우리 잘해 보자." ^{이성우}

"저는 상태에게 고마운 마음입니다. 장난을 치면 화내고 짜증 냈
는데 그래도 언제나 같이 놀아 줘서 고마웠습니다." ^{김태현}

"저는 엄마에게 죄송합니다. 신경질 내고 화를 내서 죄송합니다.
중학교에 가서는 더 잘하겠습니다." ^{윤정호}

"저는 부모님께 죄송합니다. 빨래 너는 일도 잘 못하고 일하면서
도 짜증을 냈던 일이 죄송합니다." ^{정지형}

"4학년 선생님께 감사드립니다. 제가 4학년 교실 유리창을 깼는
데도 혼내지 않으셔서 감사합니다. 이상하게 그 유리창을 깬 후
우리 집 유리창이 여러 개 깨졌습니다." ^{강진호}

"우리친구반 선생님께 감사드립니다. 우리가 우리친구반에 가서

맛있는 사랑을 주고 싶다

시끄럽게 놀아도 화내지 않으셨습니다. 전에 계시던 선생님은 우리를 우리친구반 교실에 들어오지도 못하게 하셨는데 선생님은 우리가 놀러 가도 혼내시지 않아 좋았습니다." 채연희

"지민이 할머니 죄송합니다. 제가 실내화를 신고 운동장에 나가서 복도를 더럽힌 적이 많았습니다. 죄송합니다." 임현우

아이들 말이 끝나면 내가 만든 파워포인트가 화면에 나타나야 하는데 5학년 아이들 노래로 이어졌다. 순서가 바뀐 줄 알았다. 그런데 다음은 졸업식 노래를 부르겠단다. 나는 놀라서 순서를 바로 잡아 주기를 부탁드렸다.

"순서가 잘못되었습니다. 다시 앉아 주시기 바랍니다. 6학년 선생님 편지를 보겠습니다."

사람 마음은 참 묘하다. 놀라는 순간 슬픔이 싹 사라졌다. 그동안 활동했던 사진에 내 마음을 담았다.

2년을 함께 했습니다. 419일을 함께 했습니다. 제가 여러분을 좋아하면 여러분도 저를 좋아할 것으로 생각했습니다. 2년이 지난 지금 여러분은 저를 잘 따르지도 않았고 공부를 좋아하지도 않았습니다. 무엇이 문제인지 이유를 알고 싶었습니다. 방학 동안

다시 2월 이야기

책도 읽고 선생님들과 이야기를 나누면서 무엇이 문제인지 알게 되었습니다. 몸과 마음이 크느라 힘든 여러분의 마음을 헤아리지 못했습니다. 화를 내며 후배들을 때리고 씩씩대며 올라오거나 공부 시간에 문제가 풀리지 않는다고 떠들다가 친구와 싸울 때도 화가 풀리기를 기다렸습니다. 기다리는 것까지는 괜찮았는데 그다음이 문제라는 것을 알았습니다. 아픈 마음을 풀어 주는 일을 하지 않고 여러분이 제일 싫어하는 나머지 공부를 시켰습니다. 공부를 열심히 해서 성적이 올랐는지는 모르지만 공부를 좋아할 수 있도록 돕지는 못했습니다. 여러분이 힘들 때 마음이 풀리도록 돕지 못했습니다. 죄송합니다. 착한 여러분이 저를 용서하시기 바랍니다. 슬프고 힘들었던 일은 모두 학교에 두고 좋은 기억들만 가지고 떠나시기 바랍니다. 밭두렁에 쑥을 보면 여러분이 생각날 것입니다. 쑥떡에 설탕 대신 소금을 넣었던 일이 떠오를 것입니다. 잘 지내길 바랍니다. 늘 행복하시길 바랍니다.

성우가 운다. 얼마나 울었는지 눈두덩이 빨갛다. 놀라서 슬픔이 사라진 담임은 아이들과 함께 울어 주지 못했다. 수현이도 울고 연희도 운다. 나에게 말대답하는 재미로 학교에 오던 태현이도 운다. 사진을 찍자고 진호 옆에 앉으니까 온몸을 비튼다. 똑바로 앉으라는 엄마의 명령에도 내 옆으로 몸을 돌리지 않는다.

　　　　　　　　　　　맛있는 사랑을 주고 싶다

할머니와 사는 성우가 서울에 사는 엄마네 집으로 가서 중학교에 다니길 바랐다. 마음도 착하고 똑똑한 성우가 할머니하고 살면서 절제력을 익히지 못했다. 먹고 싶을 때 먹고 자고 싶을 때 자는 성우는 90Kg이 넘는 몸무게를 가지고 있다. 성우는 엄마에게 가고 싶었지만 어른들 사정으로 할머니 곁에 남게 되었다.

아홉 명을 2년 동안 가르쳐 놓고도 아이들 마음을 내 것으로 만들지 못한 이유를 찾느라 힘든 시간을 보냈다. 다행히 내가 무엇을 잘못했는지 알게 되었다. 아이들은 내 곁을 떠나며 많은 것을 깨닫게 한다.

맛있는 사랑을 주고 싶다

책상을 정리하는데 아이들이 나에게 준 물건들이 눈에 띈다. 막대 사탕 5개, 사탕 3개, 초코파이 1개, 초콜릿 10개, 아이셔 3개, 마이쮸 4개. 군것질하지 말라고 했는데도 나에게 하나씩 주고 간 먹을 것들이다. 사탕을 하나 까서 입에 넣었다. 맛이 좋다. 나는 우리 반 아이들에게 사탕 하나 사 주지 않았다. 나라도 몸에 안 좋은 것은 주지 말자는 생각이었다. 그러면 나는 우리 반 아이들에게 맛있는 사랑은 주었을까? 쓰디쓴 과업만 부여했던 못난 선생이었다.

방학 동안 양평군 가정상담센터에서 부모 교육을 한다고 해서

다시 2월 이야기

참여했다. 우리 학교로 전학 온 학생들의 어머니들이 많이 와 계셨다. 부모님 이야기가 나와서 내 이야기를 했다. 고집이 세서 부모님을 이겨 먹었는데 첫아이 하나 낳고 많이 후회했다고.

"아이가 고집이 센 것은 다 이유가 있습니다. 선생님 잘못이 아닙니다. 자, 그럼 제가 묻겠습니다."

"부모님이 놀아 준 적이 있으세요?"

"아니요."

"부모님이 많이 안아 주셨나요?"

"우리가 자랄 때는 그런 것은 기대하기 힘들었지 않나요?"

"부모님이 선생님 말씀은 잘 들어 주셨나요?"

"네."

"그럼 부모님이 위로와 격려는 많이 해 주셨나요?"

"네."

"우리가 자식을 키우는 방법은 부모님으로부터 받았던 경험 이상을 할 수 없습니다. 부모에게 진짜 사랑을 받지 못했다면 아이를 키울 때 진짜 사랑으로 대하기 어렵습니다. 진짜 사랑은 자기가 주고 싶은 것을 주는 것이 아니라 아이가 사랑이라고 느끼는 것을 줘야 하는데 모든 부모들이 자기 멋대로 사랑을 줍니다. 그것은 사랑이 아닙니다. 안아 주고, 놀아 주고, 들어 주고, 위로하고, 격려해 주는 것이 함께 이뤄져야 진짜 사랑을 줬다고 할 수 있습니다."

한국부모교육센터 이동순 소장님 말씀이 백번 옳다. 내 아이 둘은 내가 너그럽게 기다렸는데도 늘 화난 상태였다. 고등학교 때는 정말 무서웠다. 학교 선생님들은 아이가 애굣덩어리라고 하는데 집에서는 무서운 아이였다. 모든 불만을 입으로 다 풀어야 했다. 내가 그랬던 것처럼. 30년만 고생하면 아이가 편안해질 것을 믿었기 때문에 힘들어도 참을 수 있었다. 그런데 이동순 소장님은 진짜 사랑을 주었더라면 30년을 기다리지 않아도 된다고 하신다. 좋아하는데 왜 화를 내고 짜증을 내겠느냐고 하신다. 놀라운 일이다. 나 역시 아이들과 놀아 주는 일을 못했다. 안아 주는 일도 못했다. 내가 경험한 일이 아니라서 안아 주고 놀아 주는 일은 할 수가 없었다. 내 사랑도 맛있는 사랑은 아니었다는 반성을 했다. 갑자기 걱정이 몰려온다. 내 딸아이와 아들도 내가 해 준 방법 외에는 베풀지 못할 것이라는 사실 때문이다. 지금부터 다 큰 아이를 안아 줘야 한다고 생각하니 자신없다. 그러나 그 경험은 꼭 필요한 일임으로 안아 줘야겠다고 결심한다. 결심이 실천으로 옮겨지기를 절실히 원한다.

올해 못 했던 일을 내년에는 꼭 해 보겠다고 다짐하는 이 순간이 나는 참 좋다. 가슴이 간질거린다. 새 학년에 담임이 되면 아이들을 매일 안아 주어야겠다. 잘못할 때는 그냥 슬쩍 모르는 척 지나가야겠다. 잘못을 지적하면 그 아이는 공격을 받았다고 생각할 테니까

다시 2월 이야기

못 본 척해야겠다. 잘한 것이 있을 때, 그때는 칭찬해 줘야겠다. 잘하는 것이 없으면 보물 찾듯이 찾아서 말해 줘야겠다. "너는 나에게 특별한 아이"라고. 내가 이렇게 하면 아이들과 나는 어떤 모습으로 1년을 마무리하게 될지 정말 궁금하다. 새 학년이 기다려진다.

교육공동체 벗

교육공동체 벗은 협동조합을 모델로 하는 작은 지식 공동체입니다.
협동조합은 공통의 목적을 가진 사람들이 모여서 만든
권력과 자본으로부터 독립된 경제조직입니다.
교육공동체 벗의 모든 사업은 조합원들이 내는 출자금과
조합비로 운영됩니다.
수익을 목적으로 하지 않기에 이윤을 좇기보다
조합원들의 삶과 성장에 필요한 일들과
교육 운동에 보탬이 될 수 있는 사업들을 먼저 생각합니다.
정론직필의 교육전문지, 시류에 휩쓸리지 않는 정직한 책들,
함께 배우고 나누며 성장하는 배움 공간 등
우리 교육 현실에 필요한 것들을 우리 힘으로 만들고 함께 나누고 있습니다.

조합원 참여 안내

출자금(1구좌 일반 : 2만 원, 터잡기 : 50만 원)을 낸 후 조합비(월 1만 원 이상)를 약정해 주시면 됩니다. 조합원으로 참여하시면 〈교육공동체 벗〉에서 내는
격월간 교육전문지 《오늘의 교육》과 매월 발행하는 조합 회지 〈벗마을 이야기〉를 받아 보실 수 있습니다. 출자금은 종잣돈으로 가입할 때 한 번만 내시면 됩니다. 조합을 탈퇴하거나 조합 해산 시 정관에 따라 반환합니다. 터잡기 조합원은 벗의 터전을 함께 다지는 데 의미와 보람을 두며 권리와 의무에서 일반 조합원과 차이는 없습니다. 아래 카페에서 조합 가입 신청서를 내려 받아 작성하신 후 메일이나 팩스로 보내 주세요.

카페	cafe.daum.net/communebut
이메일	communebut@hanmail.net
전화	02-332-0712, 070-4084-0712
팩스	0505-115-0712

교육공동체 벗을 만드는 사람들

＊ 하파타 순

황진원, 황지영, 황정일, 황정욱, 황윤호성, 황윤옥, 황봉희, 황규선, 홍순희, 홍순성, 홍세화, 형근혜, 허은실, 허수옥, 허성균, 한학범, 한승희, 한승모, 한성찬, 한민혁, 한만증, 하인호, 하광봉, 탁동철, 최환근, 최현미, 최탁, 최최영순, 최주연, 최종순, 최정윤, 최은희, 최은정, 최은순, 최은숙, 최은경, 최원혜, 최용기, 최영식, 최연희, 최애영, 최승훈, 최선영a, 최선영b, 최보람, 최병우, 최미선, 최대현, 최기호, 최장용, 최광락, 최경운, 천지영, 채종민, 차용훈, 진주형, 진응용, 진영효, 진만현, 주중식, 주순영, 조희정, 조향미, 조해수, 조진희, 조지연, 조중재, 조응현, 조은미, 조원배, 조용진, 조영옥, 조영실, 조영선, 조여은, 조여경, 조수정, 조성실, 조성대 · 임연아, 조석현, 조문경, 조만희, 조두형, 정흥윤, 정현주a, 정현주b, 정현숙, 정춘수, 정지원, 정인영, 정은숙, 정유숙, 정유섭, 정용주, 정옥희, 정영현, 정영수, 정연아, 정애순, 정명옥, 정명영, 정말희, 정기진, 정광필, 정광임, 정경원, 전지은, 전유미, 전보선, 전미학, 전미옥, 전미영, 전금주, 장혜진, 장혜옥, 장현주, 장주섭, 장은하, 장은정, 장영희, 장슬기, 장서문, 장병학, 장근영, 임향신, 임중혁, 임정은, 임전수, 임성무, 임덕연, 임금록, 이희옥a, 이희옥b, 이화현, 이화중, 이화숙, 이혜숙, 이행빈, 이혁규, 이향숙a, 이향숙b, 이해림, 이태환, 이태영, 이충근, 이창진, 이진주a, 이진주b, 이지현, 이지향, 이지영, 이지언, 이주탁, 이주영, 이종찬, 이정희, 이정호, 이정연, 이재남, 이인사, 이은진, 이은주, 이은정, 이은점, 이은숙, 이윤엽, 이윤선, 이윤미, 이유진, 이용환, 이용기, 이영화, 이영혜, 이영주a, 이영주b, 이영아, 이영선, 이연진, 이아리따, 이승아, 이소형, 이성수, 이선희, 이선영, 이선애, 이석진, 이상훈, 이상대, 이상균, 이범희, 이민재, 이민수, 이미영, 이미숙, 이동갑, 이덕주, 이기규, 이근준, 이규동, 이교열, 이계삼, 이경욱, 이경영, 이경언, 이건진, 윤홍은, 윤지형, 윤영백, 윤연희, 윤숙경, 윤석, 육신혜, 유재광, 유은아, 위양자, 원윤희, 원성제, 우지영, 우완, 우소연, 우경숙, 오혜원, 오현진, 오중근, 오정희, 오은정, 오유진, 오승훈, 오세연, 오세란, 오성화, 오명ян, 오동석, 여태전, 엄재홍, 엄영숙, 엄기호, 엄귀영, 양은주, 양애정, 양선﹣, 양서영, 양상진, 안혜영(명예 조합원), 안찬원, 안지현, 안준철, 안정선, 안용덕, 안순억, 안선영, 안미선, 심수환, 신호승, 신혜선, 신충일, 신창호, 신은희, 신귀애, 신관식, 송화원, 송춘화, 송윤희, 송승훈, 손재덕, 손은경, 손영선, 성현석, 성열관, 설은주, 설원민, 서효필, 서혜원, 서정오, 서예원, 서승일, 서배성, 서명숙, 서근원, 변규석, 백인식, 백기열, 배희철, 배주영, 배이상헌, 배영진, 배아영, 배경내, 배경남, 박효정, 박현희a, 박현희b, 박현주, 박현숙, 박철호, 박진환, 박진숙, 박지희, 박지홍, 박지나, 박준영, 박종호, 박정의, 박정아, 박정미, 박윤희, 박옥주, 박옥균, 박영실, 박영민, 박연실, 박숙현, 박수연, 박소영, 박성현, 박성규, 박선미, 박상준, 박복선, 박범이, 박민진(한낱), 박미연, 박미리, 박명희, 박동준, 박덕수, 박고형준, 박경화, 박경주, 박경이, 민형기, 문희영, 문진숙, 문용석, 문수현a, 문수현b, 문수경, 명수민, 류재향, 류우종, 류명숙, 류경원, 노혜경, 노영민, 노상경, 노미화, 노경미, 남효숙, 남유미, 남궁역, 남궁명화, 나규환, 김희옥, 김훈태, 김효정, 김효승, 김흥규, 김혜림, 김형우, 김형렬, 김현진a, 김현진b, 김현영, 김현실, 김해경, 김태정, 김춘성, 김창진, 김진명, 김지현, 김준휘, 김주석, 김주기, 김종원, 김종옥, 김종성, 김정주, 김정애, 김정삼, 김재황, 김재민, 김인순, 김은희, 김은영, 김은아, 김은규, 김윤주, 김유상 · 이상연, 김용훈, 김용양, 김용섭, 김용란, 김옥숙, 김영희a, 김영희b, 김영지, 김영주a, 김영주b, 김영순, 김영삼, 김시내, 김승규, 김순천, 김수진a, 김수진b, 김수정a, 김수정b, 김수선, 김소희, 김세호, 김선연, 김선산, 김선미, 김선구, 김선정, 김석규, 김상희, 김상정, 김상일, 김상숙, 김상기, 김병주, 김병섭, 김민희, 김민수, 김민곤, 김미향a, 김미향b, 김미숙, 김묘선, 김명화, 김명신, 김록성, 김동환, 김동현, 김동일, 김돈위, 김도여, 김다학, 김납철, 김남규, 김나리, 긴기언, 김규태, 김고종호, 김경호, 김경연, 김경숙, 김경렬, 김가영, 김가연, 기형훈, 기김진호, 금현진, 권혜영, 권재옥, 권자영, 권이근, 국찬석, 구희숙, 구본희, 구미숙, 꽹이눈, 곽혜영, 곽진경, 공영아, 공규동, 고춘식, 고영아, 고병연, 고미자, 강이진, 강순정, 강순원, 강수미, 강수돌, 강성호, 강성규, 강석도, 강민정, 강경모

※ 2011년 11월 28일 기준 481명